Gregor Schöllgen · Angst vor der Macht

Gregor Schöllgen

ANGST VOR DER MACHT

DIE DEUTSCHEN UND IHRE AUSSENPOLITIK

Ullstein

Satz: Dörlemann-Satz, Lemförde
Druck und Verarbeitung: Wiener Verlag, Himberg bei Wien
Printed in Austria 1993
ISBN 3 550 07189 2

Gedruckt auf Papier mit chlorfrei gebleichtem Zellstoff

Umschlagentwurf: Hansbernd Lindemann

Die Deutsche Bibliothek – CIP-Einheitsaufnahme

Schöllgen, Gregor:
Angst vor der Macht: die Deutschen und ihre Außenpolitik / Gregor Schöllgen. – Berlin; Frankfurt/Main: Ullstein, 1993
ISBN 3-550-07189-2

INHALT

Vorwort

Keiner hat es geahnt, niemand hat es vorhergesagt: Gleichsam über Nacht ist das vereinigte Deutschland ins Zentrum des internationalen Geschehens gerückt. Gänzlich unerwartet sieht sich die Bundesrepublik angesichts des wachsenden eigenen Gewichts und des dramatischen Zerfalls der alten Machtstrukturen im östlichen Europa in die Rolle einer europäischen Großmacht gedrängt. Aber sind die Deutschen auf diese neue Rolle und die neue Verantwortung vorbereitet?

Gewiß, wir bereisen die Welt, und das in Scharen, aber die Probleme der Weltpolitik, die Kräfte und Gegenkräfte in den internationalen Beziehungen sind uns fremd, Macht ist uns unheimlich, internationale Verantwortung zu übernehmen sind wir nicht gewohnt. Die Hilflosigkeit der Politiker, der Bürger, vor allem auch der Intellektuellen in der Zeit der Krise und des Krieges am Persischen Golf, der Ausbruch des Fremdenhasses und des Antisemitismus im eigenen Land oder die erhebliche Unsicherheit, die sich in den politischen wie den öffentlichen Debatten über den Einsatz deutscher Soldaten, über Deutschlands Rolle in den Vereinten Nationen oder über die Lösung der Flüchtlings- und Asylantenproblematik offenbarte, ließen Zweifel an der Fähigkeit der Deutschen aufkommen, mit den neuen Herausforderungen angemessen umzugehen.

Nicht zuletzt von dieser Fähigkeit wird jedoch die künftige Entwicklung Europas in hohem Maße abhängen. Voraussetzung für den angemessenen Umgang mit der neuen Lage und der neuen Verantwortung ist die realistische, nüchterne und vor allem bewußte Erkenntnis, daß die deutsche Politik angesichts des wirtschaftlichen, politischen, demographischen, kulturell-sprachlichen, geographischen, selbst militärischen Gewichts immer schon Machtpolitik ist und daß Deutschland ebendeshalb und in dem Maße, in dem der europäische Bundesstaat erneut in weite Ferne rücken könnte, »ein normaler europäischer Nationalstaat werden muß«[1].

Sicher, die Bundesrepublik ist europäisch wie atlantisch in erheblichem Maße vernetzt und daher im traditionell nationalstaatlichen Sinne nur bedingt souverän. Das ist im übrigen eine Beschränkung, die sie, wenn auch in gradueller Abstufung, mit anderen europäischen, ja in gewisser Weise mit allen Industriestaaten gemein hat. Wenn man aber mit Max Webers klassischer Definition Macht als »jede Chance« begreift, »innerhalb einer sozialen Beziehung den eigenen Willen auch gegen Widerstand durchzusetzen, gleichviel worauf diese Chance beruht«[2], wenn man zudem die enorme Attraktivität in Rechnung stellt, welche die Bundesrepublik für eine wachsende Zahl von Menschen, Ländern und Regionen besitzt, und das aus sehr verschiedenartigen Gründen, dann befindet sich Deutschland nach den dramatischen Umbrüchen der Jahre 1989/90 und angesichts seiner nicht nur geographisch zentralen Lage heute in einer potentiellen Machtposition.

Diese zu erkennen und richtig einzuschätzen bildet zugleich eine wichtige Voraussetzung, um dem unangemessenen Umgang mit ihr oder gar ihrem Mißbrauch vorzubeugen: Deutschland hat sich seiner neuen Rolle als europäische Großmacht und seiner daraus abgeleiteten internationalen Verantwortung im Bewußtsein um die Konsequenzen zu stellen, ohne dabei die Ungeschicklichkeiten, Fehler und Verbrechen der ersten Jahrhunderthälfte mit ihren bis heute spürbaren Folgen zu verdrängen, zu vergessen oder gar zu wiederholen. Darin besteht die wohl größte, dringend zu meisternde Herausforderung für die Deutschen an der Schwelle zum einundzwanzigsten Jahrhundert.

Daß sie, anders als ihre Nachbarn, kein Verhältnis zu Macht und Machtpolitik haben, liegt an ihrer Geschichte, vor allem auch an der spezifischen Entwicklung ihres Landes seit 1945. Diese steht im Zentrum der folgenden Betrachtungen, die in die Frage münden, worauf sich Deutschland angesichts der dramatischen Veränderungen in der Welt einzurichten hat. Darin den Ruf nach einem erneuten deutschen Alleingang in der Weltpolitik lesen zu wollen wäre ein grobes Mißverständnis. Dem Autor dieser Zeilen geht es gerade nicht um eine Rückkehr zu säbelrasselnder Weltmachtpolitik, zu prestigeträchtigen Profilierungseskapaden oder zu jenem »Machtstaat«, für den es »wünschenswert« war, »von möglichst schwachen Staaten ... umgeben zu sein«[3]. Es geht ihm vielmehr um Antworten auf die drängende Frage nach der Handlungsfähigkeit Deutschlands nach innen wie nach außen.

Diese ersten Antworten verstehen sich als Vorschläge und Anregungen für eine Diskussion über die deutsche Außenpolitik nach der Vereinigung, die längst überfällig ist und angesichts der dramatischen Veränderungen in der Welt keinen weiteren Aufschub verträgt. Das Buch möchte einen Anstoß zur Aufnahme dieser Diskussion durch eine breitere Öffentlichkeit geben. Im Anhang findet sich deshalb ein mit dem Abkürzungsverzeichnis verbundenes Glossar, das einige jener historisch-politischen Fachbegriffe knapp erläutert, die in diesen Tagen häufig verwandt und im folgenden des öfteren benutzt werden.

Den Anstoß für die Veröffentlichung dieses Essays bildete ein Seminar mit jüngeren Diplomaten aus vierzehn Staaten Mittel-, Südost- und Osteuropas, das im Sommer 1992 durch das Auswärtige Amt in Berlin veranstaltet wurde.[4] Die dort vorgetragenen politischen Forderungen und Erwartungen an die Bundesrepublik sowie die für einen deutschen Historiker überraschenden Einschätzungen der Rolle Deutschlands in diesem Jahrhundert haben den Blick des Verfassers modifiziert und für die enormen Herausforderungen, denen sich dieses Land gegenübersehen wird, geschärft. Dafür bin ich den Teilnehmern sehr zu Dank verpflichtet.

Erlangen, im November 1992
Gregor Schöllgen

I. BESTANDSAUFNAHME

Es gibt historische Befunde, an denen nicht zu rütteln ist: Deutschland ist vereinigt, die Bundesrepublik ist als Folge dieser Entwicklung zu einem völlig gleichberechtigten Mitglied der Völkergemeinschaft geworden. Sieht man vom einseitigen Verzicht auf die Herstellung von ABC-Waffen auf eigenem Territorium oder von solchen Vorgaben ab, die aus der europäischen und atlantischen Vernetzung resultieren, kann Deutschland heute Außen- und Sicherheitspolitik souverän, ohne irgendeinen restriktiven äußeren Vorbehalt treiben. Um das überzeugend tun zu können, bedarf es der realistischen Bestandsaufnahme, der angemessenen Einschätzung von Deutschlands neuer Lage.

Realismus bedeutet zunächst einmal die Einsicht, wie »weltfremd« die Illusion der Deutschen ist, daß Machtpolitik zumindest für sie eine Sache der Vergangenheit sei. Die Folge besteht in einem »gefährlichen Mangel an Menschenkenntnis, historischer Erfahrung und an gegenwartsbezogenen Konstellationsanalysen der heutigen Welt«[5], so die Diagnose Arnulf Barings. Eine solche Befindlichkeit wird dem tatsächlichen

Gewicht der neuen Bundesrepublik noch weniger gerecht als schon dem der alten. Die Deutschen mögen es wollen oder nicht: Ihr Land ist wieder ein gewichtiger Faktor in Europa und in der Welt, in jedem Falle wird es von seinen Nachbarn und Verbündeten so eingeschätzt und zeitweilig mißtrauisch beäugt. Und diese neue Lage ist - Ironie der Geschichte - nicht zuletzt dem Umstand zu danken, daß die Bundesrepublik ihre wichtigsten Ziele nach 1945, Wiedervereinigung und Gleichberechtigung, schließlich doch erreicht hat. Für viele Zeitgenossen ist Deutschland damit nicht nur wieder ein geeinter Nationalstaat, sondern auch erneut eine europäische Großmacht, und das, jedenfalls in wirtschaftlicher Hinsicht, von globalem Gewicht.

Nun kann man streiten, über welche Kriterien sich in der heutigen Welt ein Nationalstaat, eine Großmacht oder eine Weltmacht definiert. Fest steht, daß die Wiedervereinigung der Deutschen in einem geeinten Nationalstaat das herausragende, nicht zufällig schon in der Präambel des Grundgesetzes festgeschriebene Ziel bundesdeutscher Außenpolitik war und blieb, und das selbst zu einer Zeit, in der ihre Realisierung als höchst unwahrscheinlich zu gelten hatte (vgl. III.). Unter Nation wurde dabei ganz in der Tradition des neunzehnten Jahrhunderts jene Gemeinschaft der Deutschen verstanden, die aufgrund ihrer Herkunft, ihrer sprachlichen, kulturellen, wirtschaftlichen und politischen Zusammengehörigkeit und natürlich ihrer jüngeren Geschichte durch ein gemeinsames Schicksal verbunden war. Bezugspunkt blieb das Deutsche Reich, das nach einem Urteil des Bundesverfassungsgerichts vom Juli 1973 weder mit der Kapitulation noch mit den folgenden Ereignissen untergegangen, aber seit 1945 nicht mehr selbst handlungsfähig war. Wie sehr der Begriff der »deutschen Nation« über die Zäsur der Jahre 1945/49 hinaus ein Bezugspunkt des politischen Denkens in Deutschland blieb, zeigt auch seine Verankerung in der DDR-Verfassung, aus der er erst im Oktober 1974, also fünfundzwanzig Jahre nach der Staatsgründung, gestrichen wurde.

Diese Hartnäckigkeit in der Zielsetzung und -verfolgung erklärt sich nicht zuletzt aus dem Umstand, daß es den Deutschen im Laufe ihrer Geschichte überhaupt nur einmal, eben mit dem Deutschen Reich und für den relativ kurzen Zeitraum von fünfundsiebzig Jahren vergönnt war, in einem eigenen Nationalstaat zu leben. Zweimal in dieser Zeit erhielt dieser die Chance der Bewährung. Die erste in Form des 1871 gegründeten Deutschen Kaiserreiches mündete in einen Krieg zunächst europäischen, dann globalen Ausmaßes. Die zweite bestand im Weiterleben des Deutschen Reiches als Großmacht über das Ende dieses - verlorenen - Krieges hinaus, aber in äußerlich reduzierter und innerlich gewandelter Form. Sie endete in einer Diktatur, in der Katastrophe eines zweiten Weltkrieges und im singulären Verbrechen rassenideologischer Vernichtung.

Eine dritte Chance sollte es nach dem Willen aller

Betroffenen nie geben. War die Gründung des deutschen Nationalstaates im Jahre 1871 nur möglich gewesen, weil die Mächte Europas das zuließen oder zulassen mußten, so waren es eben diese Mächte, vermehrt um die im zwanzigsten Jahrhundert zum entscheidenden Gestalter der internationalen Politik aufsteigenden USA, die diesen deutschen Nationalstaat nach der Erfahrung zweier Weltkriege fünfundsiebzig Jahre später wieder auflösten. Daß diese historisch einzigartige Entscheidung aus ihrer Sicht zwingend war, hatte mit der Erkenntnis zu tun, daß ein deutscher Nationalstaat der politischen, wirtschaftlichen, militärischen oder auch geographischen Logik seiner spezifischen Existenz entsprechend immer zugleich eine Großmacht auf dem Sprung zur Weltmacht und daß das deutsche Sicherheitsinteresse mit dem europäischen schon deshalb nicht vereinbar war.

Tatsächlich bestand die wohl wichtigste Existenzbedingung eines Nationalstaates auf deutschem Boden aus der Sicht seiner Bewohner in seiner äußeren Stärke. Denn zum einen konnten sich die in ihm Lebenden nur unter dieser Bedingung mit ihm identifizieren; hier liegt übrigens ein wichtiger Grund für die mangelnde Unterstützung der durch Krieg, Revolution und »Diktatfrieden« geschwächten Weimarer Republik durch ihre Bürger und für die daraus folgende Chance des Adolf Hitler. Zum anderen schrieb die spezifische geostrategische Lage ihres Landes im Selbstverständnis der Deutschen eine solche Stärke geradezu vor. Die verheerenden Konsequenzen dieser Perzeption ändern nichts daran, daß sie für die Deutschen jener Ära eine enorme Bedeutung und eine weitgehend akzeptierte Verbindlichkeit besaß.[6]

Aus der Perspektive der anderen, der Betroffenen aber ließen die Erfahrungen mit dem deutschen Nationalstaat nach der zweiten Katastrophe nur den Schluß zu, daß dieser nie wieder erstehen, daß es nie wieder ein nationales Interesse Deutschlands oder eine wie auch immer geartete deutsche Großmacht im Herzen Europas geben dürfe. Damit stand fest, daß eine Vereinigung der beiden Teilstaaten nicht zur Debatte stehen konnte. Denkbar war sie allenfalls unter der Voraussetzung einer grundlegenden Erschütterung des Status quo, und eben die hielt bis in die ausgehenden achtziger Jahre hinein schon deshalb kaum jemand für möglich, weil alle diejenigen ein Interesse an der Zementierung der gegebenen Lage hatten, die verhindern wollten, daß mit einem vereinten Deutschland erneut eine deutsche Groß- oder gar Weltmacht, was immer man darunter im einzelnen verstand, auf der europäischen Bühne erschien.

Grundsätzlich wird man einem Land dann eine Großmachtrolle zusprechen, wenn es aufgrund seines sozialen, kulturellen, bevölkerungsmäßigen, wirtschaftlichen, politischen, militärischen und auch geographischen Gewichts die Geschicke des Kontinents oder gar der Hemisphäre, auf dem oder in der es liegt, entscheidend mitbestimmt. In einer solchen Rolle hatte sich in gewisser Weise schon Preußen seit 1740 befunden, seit dem Griff Friedrichs des Großen nach Schlesien; erst recht natürlich, von den Weimarer Jahren in mancher Hinsicht abgesehen, das Deutsche Reich seit seiner Gründung unter Leitung Otto von Bismarcks im Jahre 1871 bis zu seinem Untergang, in den es 1945 von Adolf Hitler geführt wurde.

Was die Weltpolitik angeht, so hatten die Deutschen zu ihr seit je ein gespaltenes Verhältnis. Gewiß, auch Deutschland war einst eine Weltmacht im klassischen Sinne gewesen, in den Jahrzehnten vor Ausbruch des Ersten Weltkrieges. Weltmacht war damals, im Zeitalter des Imperialismus, eine Großmacht, die sich am Wettlauf um die Aufteilung der Erde beteiligte, auf diese Weise zu einem Faktor von globalem, über die eigene Hemisphäre hinausweisendem Gewicht wurde und damit wiederum seine Stellung als Großmacht in derselben stärkte.[7] Eben das tat auch Deutschland, als es sich 1884/85 zunächst auf den Weg nach Afrika und in die Südsee machte. Merkwürdigerweise hieß diese Politik aber bei den Zeitgenossen nicht Weltmachtpolitik, sondern »Weltpolitik«, jedenfalls seit dem ausgehenden neunzehnten Jahrhundert. Das war bezeichnend, sollte es doch auch Kosmopolitentum und Weltläufigkeit signalisieren, war aber schon damals mehr Anspruch denn Wirklichkeit. Das deutsche weltpolitische Abenteuer wurde dann auch recht bald, nach drei Jahrzehnten, abrupt und von außen beendet: Im Versailler Vertrag, mit dem der Erste Weltkrieg endgültig beigelegt und der Friede in Europa wiederhergestellt werden sollte, verzichtete Deutschland gezwungenermaßen auch »auf alle seine Rechte und Ansprüche bezüglich seiner überseeischen Besitzungen«.

Das sollte im übrigen für die Entwicklung des politischen Bewußtseins in der späteren Bundesrepublik nicht unerhebliche Folgen haben: Den Deutschen nämlich blieb der Prozeß der Dekolonisierung, wie ihn etwa der französische Nachbar während der fünfziger und sechziger Jahre in Indochina oder Nordafrika schmerzlich durchlebte, erspart. Das enthob sie zum einen der Notwendigkeit, über diese Dimension der internationalen Beziehungen ernstlich nachdenken oder sich mit ihr gar auseinandersetzen zu müssen. Zum anderen aber liegt hier einer der Gründe für das Fehlen einer deutschen Einwanderungsgesetzgebung, wodurch wiederum die Lösung der Asylproblematik erheblich erschwert wurde und wird. Denn einmal abgesehen davon, daß sich 1948/49 die Frage eines entsprechenden Gesetzes schon deshalb nicht stellte, weil kaum jemand auf die Idee gekommen wäre, ausgerechnet in das in jeder Hinsicht am Boden liegende Nachkriegsdeutschland einzuwandern, gab es eben zu jenem Zeitpunkt auch seit dreißig Jahren kein deutsches Kolonialreich mehr, das ein gleichsam natürliches Reservoir Einwanderungswilliger gebildet hätte. Hier unterschied und unterscheidet sich die Bundesrepublik von den meisten ihrer europäischen Nachbarn, für die diese Frage im Zeitalter der Dekolonisierung bzw. Befreiung zu einem drängenden Problem wurde.

Um so mehr muß die bis heute registrierbare Skepsis dieser Nachbarn gegenüber der kurzen Phase deutscher Kolonialpolitik überraschen. Denn genaugenommen unterschied sich die deutsche »Weltpolitik« in der Zeit Bismarcks und Wilhelms II. kaum von der Kolonial- oder Weltmachtpolitik anderer europäischer Großmächte, mehr noch: Eigentlich nahm sie sich, verglichen etwa mit derjenigen Großbritanniens oder Frankreichs und gemessen an ihren Erfolgen, »lächerlich bescheiden« aus, wie der linksliberale Soziologe Max Weber 1916 festhielt.[8] In der Zeit zwischen 1897, dem Jahr, in welchem Deutschland offiziell und öffentlich einen »Platz an der Sonne« einklagte, und dem Ausbruch des Ersten Weltkrieges erwarben auf die eine oder andere Weise zum Beispiel Großbritannien den Sudan, die Burenrepubliken und Rhodesien, Frankreich Äquatorialafrika und Marokko, Italien Teile Abessiniens und Somalilands sowie Libyen, die USA Kuba, die Philippinen und Hawaii, Rußland einen großen Teil der Mandschurei. In der gleichen Zeit kam das Deutsche Reich – im übrigen gleichzeitig mit anderen europäischen Mächten – durch einen Pachtvertrag zu einem Stützpunkt in China, kaufte von Spanien einige kleinere Inseln im Pazifik und erwarb durch einen Teilungsvertrag einen Teil von Samoa, über das es ohnehin schon seit den 1880er Jahren mit Großbritannien und den USA die gemeinsame Kontrolle ausübte.

Daß sich mit dieser deutschen »Weltpolitik« gleichwohl bis heute entschiedene Kritik oder tiefe Besorgnis der Nachbarn verbindet[9], hat mehrere Gründe. Einmal verstärkte jeder noch so bescheidene Erfolg außerhalb Europas oder an dessen Peripherie das Gewicht der vor 1914 ohnehin stärksten europäischen Großmacht auf dem Kontinent selbst: Der Machtzuwachs des Deutschen Reiches in der außereuropäischen Welt mußte aus dieser Sicht das Gleichgewicht der Kräfte in Europa selbst gefährden, ja zerstören, zumal sich Deutschland just zu dieser Zeit daranmachte, eine der größten Schlachtflotten der Welt auf Kiel zu legen. Doch selbst dieser Schritt hätte, allein getan und für sich genommen, Deutschlands Nachbarn nicht zutiefst beunruhigt. Was sie irritierte, war der synchrone Machtzuwachs auf fast allen Gebieten und der besonders aufmerksam registrierte Umstand, daß er von Reden namentlich des Kaisers begleitet wurde, die leicht als Vorboten eines »Griffs nach der Weltmacht« interpretierbar waren.

Vor allem aber schien dann die Politik des »Dritten Reiches«, schien Hitlers programmatische Forderung nach der deutschen »Weltherrschaft« nahtlos an die Aktionen und Ambitionen des Kaiserreichs anzuknüpfen. Indem der Diktator sich zum Vorreiter des populären Revisionismus der Weimarer Zeit machte, stellte er sich ja an die Spitze jener Bewegung, die durch eine weitgehende Aufhebung der Bestimmungen des Versailler Vertrages den Großmachtstatus des Deutschen Reiches in den Grenzen von 1914 wiederherstellen wollte. Daß Hitler die vertrauten Vorstellungen eines deutschen Welt- bzw. Kolonialreiches mobilisierte, instrumentalisierte und pervertierte, um seine eigentlichen Ziele, den rassenideologischen Vernichtungskrieg insbesondere gegen das europäische Judentum und die Eroberung von »Lebensraum« für die Deutschen in Ostmittel- und Osteuropa realisieren zu können, blieb auch vielen ausländischen Beobachtern lange Zeit verborgen.[10] In der Rückschau galt diesen dann der Eroberungs- und Vernichtungskrieg Hitlers erst recht als lediglich jüngste Version des deutschen Expansionsdrangs seit den Schlesischen Kriegen Friedrichs des Großen.

Einen Wiederaufstieg Deutschlands zu einer Groß- oder gar Weltmacht zu verhindern war folglich das wichtigste Anliegen der alliierten Sieger des Zweiten Weltkrieges. Die Voraussetzung dafür lag in der Zerschlagung des deutschen Nationalstaates, symbolisch dokumentiert in der formellen Auflösung Preußens durch die Alliierten am 25. Februar 1947. In der Formulierung des Ziels bestand Einigkeit, mit welchen Mitteln es erreichbar war, blieb umstritten. Der Kalte Krieg war auch Ausdruck der Uneinigkeit der Sieger in der Frage, wie dieses Deutschland kontrolliert und an einem Wiederaufstieg gehindert werden sollte. Mit seinem Ende entfiel die Kontrolle, zerbrach der Konsens in der Zielsetzung: Ein halbes Jahrhundert nach dem Zweiten Weltkrieg war Deutschland wieder vereinigt, wieder ein Nationalstaat und damit auch wieder auf dem Weg zu einer europäischen Großmacht.

Die atemberaubenden Umbrüche im Europa der

ausgehenden achtziger Jahre waren in dieser Form unvorhersehbar und ohne Vorbild. Allenfalls die tektonischen Erschütterungen am Ende des Ersten Weltkrieges, die zum Zerfall Österreich-Ungarns, des Osmanischen Reiches und des westlichen Rußland und damit zur Auflösung bzw. nachhaltigen Schwächung dreier großer Imperien führten, halten dem Vergleich mit einer Situation stand, die durch die Atomisierung eines gewaltigen Reiches, den Zerfall eines mächtigen Militärpaktes, die Wiederentstehung einer Großmacht im Zentrum des Kontinents und - als Folge der Auflösung Jugoslawiens - die Rückkehr des Krieges nach Europa gekennzeichnet ist. Schon die dramatischen Ereignisse des Jahres 1918 hatten übrigens direkte Auswirkungen auf das Schicksal Deutschlands. So nämlich wurde das Deutsche Reich als Verlierer des großen Krieges zwar wirtschaftlich, territorial, militärisch und »weltpolitisch« erheblich geschwächt, blieb aber als Nationalstaat und als überlebensfähiger stabiler Faktor mit Gewicht im Zentrum Europas - und damit als Großmacht - bestehen.

Die jüngsten Entwicklungen hatten einen vergleichbaren Effekt, auch wenn Deutschland in diesem Fall gewissermaßen als Gewinner aus dem Kalten Krieg hervorging: Sie gaben den Deutschen die dritte Chance, bescherten ihnen erneut den schon als unerreichbar geglaubten Nationalstaat und katapultierten die Bundesrepublik gleichsam über Nacht wieder in die Rolle einer kontinentalen Großmacht mit weltpolitischem Gewicht, zumindest soweit es die Befürchtungen und Erwartungen der Nachbarn betrifft: Der »Schrecken eines einzigen Deutschland«, so kommentierte mit A. M. Rosenthal einer seiner schärfsten amerikanischen Kritiker, sei erneut Realität.[11]

Natürlich ist dieses Deutschland keine »Supermacht«, vergleichbar den Vereinigten Staaten oder der Sowjetunion in den Jahrzehnten nach dem Zweiten Weltkrieg, auch wenn es gelegentlich, insbesondere von östlichen Beobachtern, so eingeschätzt wird. Dafür fehlt der Bundesrepublik nicht zuletzt jenes Potential, durch das sich die USA und die Sowjetunion im Zeitalter der Supermächte, also in der Ära des Kalten Krieges, definierten, nämlich die strategischen Nuklearwaffen und damit die globale Vernichtungskapazität. In welchem Maße Deutschland indessen an Gewicht gewonnen hat, lehrt das Studium der Zeitungen dieser Welt. War die alte Bundesrepublik, von Ausnahmen wie etwa der Zeit des Mauerbaus oder der Ostpolitik der Jahre 1969 bis 1972 abgesehen, etwa den großen amerikanischen Blättern allenfalls eine Fußnote wert, so hat Deutschland seit der Vereinigung einen sicheren Platz in den Schlagzeilen.

Nun kann man gewiß über die Bezeichnung Deutschlands als Großmacht mit globalem Gewicht streiten. Zunächst einmal verfügt auch das vereinigte Deutschland weder über eigene Atomwaffen, noch nimmt es einen ständigen Sitz im Sicherheitsrat der Vereinten Nationen ein. Nicht zuletzt über diese beiden Kriterien aber definierte sich der Großmachtstatus Frankreichs, Großbritanniens und Chinas im

Zeitalter des Kalten Krieges. Sodann ist der innere Zustand Deutschlands nach der Vereinigung kaum dazu angetan, einer aktiven Großmachtrolle Vorschub zu leisten: Die Haltung großer Teile der Öffentlichkeit zu einem Einsatz der Bundeswehr im Rahmen bestehender vertraglicher Verpflichtungen, die enormen Schwierigkeiten, welche der Vereinigungsprozeß der beiden ehemaligen Teilstaaten auf praktisch allen Ebenen offenbart, die Auswirkungen der Rezession, die Unfähigkeit im Umgang mit der Asylantenproblematik, das Wiederaufleben von Fremdenfeindlichkeit und Antisemitismus - das alles und anderes mehr ließ bei manchem Beobachter den Verdacht aufkommen, daß die Bundesrepublik erstmals in ihrer Geschichte ein potentiell instabiles Land sein könnte, und bildet kaum das Fundament für eine Großmacht.

Und dennoch ist die Bundesrepublik nicht länger die im Windschatten des Ost-West-Konflikts prosperierende mittlere Macht, die sie bis zur Vereinigung mit dem anderen deutschen Teilstaat war. Das liegt einmal an der Geschichte des deutschen Nationalstaates, der eben immer auch Großmacht war, bis seine Auflösung zugleich diesen Status beendete. Wenn nun dieser Nationalstaat erneut die weltpolitische Bühne betritt, und eben das ist mit der Vereinigung der Fall, handelt es sich zwangsläufig um mehr als nur die Korrektur von Zahlen, Daten und Bilanzen in den Statistiken des Kontinents. Dabei sind schon diese im Falle des vereinigten Deutschland beeindruckend genug: Die territoriale Größe der Bundesrepublik nach der Vereinigung ist erheblich, ihre Bevölkerungszahl im europäischen Vergleich überdurchschnittlich. Daß in Europa mit zweiundneunzig Millionen Menschen ein Drittel mehr Deutsch zur Muttersprache hat als Englisch oder Französisch und etwa dreimal so viele Menschen Deutsch wie Spanisch als erste Sprache sprechen[12], wird von manchem Nachbarn aufmerksam, gelegentlich beunruhigt registriert. Die Debatte um die Zulassung des Deutschen als dritte offizielle Arbeitssprache der Europäischen Gemeinschaft macht das deutlich.

Hinzu kommt eine enorme Wirtschaftskraft, die durch die europäische Integration zusätzlich gesteigert wird. Die erheblichen wirtschaftlichen Schwierigkeiten des Vereinigungsprozesses und die Rezession, die derzeit fast alle Industrieländer durchlaufen, können diesen Sachverhalt allenfalls vorübergehend relativieren. Die wirtschaftliche Stärke Deutschlands zeigt sich nicht zuletzt an seiner Stellung innerhalb der Europäischen Gemeinschaft: Daß gegen die Bundesrepublik ein wichtiger Beschluß gefaßt werden könnte, ist kaum vorstellbar, und natürlich spiegelt sich in diesem Sachverhalt weit mehr als die ökonomisch dominante Stellung Deutschlands in Europa.

Schließlich besitzt die Bundesrepublik eine der stärksten Währungen der Welt und die gewichtigste Europas. Die massiven Reaktionen auf die Zinspolitik der Deutschen Bundesbank und die Turbulenzen des europäischen Währungssystems, die im Umkreis des französischen Referendums über die Verträge von Maastricht auftraten und durchweg Deutschland angelastet wurden, haben das im Herbst 1992 auf krasse Weise demonstriert. Mehr noch: In ebendieser Zeit, die freilich auch die Zeit des amerikanischen Wahlkampfes war, mehrten sich die Stimmen, die eine Erholung der stärksten nationalen Wirtschaft, also der amerikanischen, von einer Kursänderung der deutschen Zinspolitik abhängig machten. Gefordert wurde in diesem Zusammenhang neben einer Senkung der kurzfristigen Zinsen die »bindende Verpflichtung der Deutschen, ihre Geldpolitik mit anderen Staaten zu koordinieren«[13]. Nun mochte man in solchen Analysen angemessene Prognosen sehen oder sie als Schuldzuweisungen abtun, die geeignet waren, zumindest zeitweilig vom hausgemachten Mismanagement anderer abzulenken. Daß sie auch jene Rolle reflektierten, die Deutschland tatsächlich als Wirtschafts- und Finanzmacht spielt, war indessen unverkennbar.

Weniger denn je ist in diesem Zusammenhang die geopolitische Situation zu unterschätzen. Die Vereinigung der beiden deutschen Staaten hat die Bundesrepublik gleichsam über Nacht von der »Randlage« in die alte »kontinentale Mittellage« geschoben, die Richard von Weizsäcker im April 1992 anschaulich so beschrieben hat: »Schon die ersten zwei Jahre nach dem Fall der Mauer haben genügt, um drastisch vor Augen zu führen, welche Probleme eine solche Mittellage in Europa mit sich bringt – eine Mittellage, der dieses Deutschland seit dem Ende des Heiligen Römischen Reiches Deutscher Nation ausgesetzt war und die uns nach 1914 in zwei Weltkriege geführt hat.«[14]

Und natürlich ist Deutschland alles andere als ein militärischer Zwerg. Gewiß, die Bundesrepublik hat bereits 1954, im Zuge ihrer Aufnahme in die Westeuropäische Union, auf die Produktion unter anderem atomarer Waffen auf ihrem Territorium verzichtet, hat 1990 die Präsenzstärke der Bundeswehr im Gegenzug zur sowjetischen Zustimmung zur Vereinigung und dann auch im Rahmen der VKSE auf 370 000 Mann beschränkt und ist schließlich durch die integrierte Kommandostruktur der NATO in ihrem Handlungsspielraum weitgehend festgelegt. Aber in einer Zeit rapiden Zerfalls der alten, auch militärischen Strukturen insbesondere des vormaligen Warschauer Paktes und der Roten Armee hat selbst eine solchen Beschränkungen unterworfene Armee im Zentrum Europas ein nicht unerhebliches Gewicht. Die Liquidierung der »Nationalen Volksarmee« beziehungsweise ihre Integration in die Bundeswehr innerhalb von zwei Jahren dürfte diese Perzeption bestärkt haben.

Schließlich besitzt Deutschland für eine zunehmende Zahl von Staaten des östlichen Europa oder auch der sogenannten Dritten Welt eine enorme Attraktivität. Das hat mit den genannten Gründen zu tun, allen voran natürlich mit der wirtschaftlichen Stärke, aber zum Beispiel auch mit der wachsenden Verbreitung der deutschen Sprache vor allem in Ost-

und Ostmitteleuropa. Die sprunghaft angestiegene Zahl der Asylsuchenden, Flüchtlinge und Heimatlosen läßt sich ja keineswegs nur mit der liberalen Asyl- oder der fehlenden Einwanderungsgesetzgebung erklären. Auch diese Attraktivität bedeutet Macht und verlangt eine besondere Verantwortung.

Es ist die Kombination aller genannten Faktoren, welche die größere Bundesrepublik aus der Sicht ihrer Nachbarn im Westen wie im Osten wieder als europäische Großmacht erscheinen läßt. Mit der Wahl Berlins zur Hauptstadt haben sich die Deutschen überdies – jedenfalls in den Augen ihrer Nachbarn – zu ihrer Tradition als europäische Großmacht bekannt: Berlin war eben auch und nicht zuletzt die Kapitale des Deutschen Reiches, der stärksten Macht Europas vor 1914 und erneut vor 1939. Unter anderem deshalb wurde die deutsche Hauptstadt in den Planungen der Alliierten schon während des Zweiten Weltkrieges ausdrücklich nicht als Teil einer Zone, sondern als eigenes, besonderes Gebiet mit gemeinsamer Kontrolle betrachtet und in Sektoren aufgeteilt. Man muß davon ausgehen, daß den politisch Verantwortlichen, als sie sich in Bonn für Berlin entschieden, diese Dimension geläufig gewesen ist, daß sie sich also bewußt in jene Tradition gestellt haben. Andernfalls wäre die Entscheidung ein krasses Beispiel für den zitierten Mangel an historischem Bewußtsein und insofern ein Fall von Nabelschau, den sich Deutschland in der gegebenen Situation weniger denn je leisten kann.

Es ist mithin wichtig, daß die Lage Deutschlands nüchtern registriert wird: Eine Unterschätzung des tatsächlichen Gewichts der Bundesrepublik dieser Tage kann in der Konsequenz nicht minder folgenreich sein als die Überschätzung der deutschen Kräfte oder das Oszillieren der deutschen Außenpolitik zwischen Ignoranz und Arroganz insbesondere in den beiden Jahrzehnten vor Ausbruch des Ersten Weltkrieges. Ignorant wirkte sie übrigens damals vor allem deshalb, weil die junge Großmacht ihre mangelnde Erfahrung auf weltpolitischem Parkett gerade nicht durch gezielte Zusammenarbeit mit ihren potentiellen Rivalen, Kritikern oder Herausforderern kompensieren mochte oder konnte, jedenfalls nicht bevor es im Grunde bereits zu spät war.[15]

Die realistische Bestandsaufnahme der deutschen Außenpolitik dieser Tage führt zwangsläufig zum zweiten Schritt, ihrer Ausrichtung auf Kooperation und ihren Verzicht auf individuelle Profilierungseskapaden oder spektakuläre Alleingänge, selbst dort, wo sie im deutschen Interesse liegen und bei nüchterner Betrachtung vernünftig sein mögen (vgl. V.). Denn eben wegen ihres neuen Gewichts in der Weltpolitik und der bei anderen - zu Recht oder nicht - damit verbundenen Vorstellungen, Erinnerungen oder Befürchtungen befindet sich die Bundesrepublik augenblicklich und wohl noch auf nicht absehbare Zeit in einer äußerst schwierigen Lage: Sie wird als große Macht eingestuft, wird in die Pflicht genommen, als solche zu agieren, und sieht sich zugleich der skeptischen Warnung ausgesetzt, ebendies nicht isoliert zu tun.

Das gilt jedenfalls für die westlichen Nachbarn, und das Jahr 1991 hat dieses Dilemma sehr deutlich werden lassen. Im Januar sah sich die Bundesrepublik wegen ihres zurückhaltenden Agierens in der Golfkrise heftiger Kritik ihrer Verbündeten ausgesetzt. Da war die Rede von Drückebergerei, Undankbarkeit, mangelndem Gefühl für internationale Verantwortung und anderem mehr. Kaum zwölf Monate später, im Dezember 1991, meldeten dieselben Verbündeten nicht minder schwere Bedenken angesichts jenes Selbstbewußtseins bzw. jener »Anmaßung« an, die sich in ihren Augen in den deutschen Alleingängen bei der Anerkennung Kroatiens und Sloweniens und der Erhöhung der Leitzinsen offenbart hatte.

Der amerikanische Diplomat und Deutschland-Kenner William Richard Smyser hat diese neue Lage Deutschlands in einem markanten Bild beschrieben: »Nach Jahrzehnten auf dem Trockendock wird das große Schiff ›Germania‹ wieder zu Wasser gelassen. Die Zuschauer beobachten diese Aktion gebannt, mit einer Mischung aus Faszination, Hoffnung und Besorgnis. Die Offiziere an Bord, besonders die älteren, sind eher melancholisch als begeistert. Sie blicken nach vorn, sehen aber auch die Vergangenheit . . . Sie sind sich der Zweifel der Zuschauer bewußt und teilen einige davon. Trotzdem wollen sie weiter vorankommen, sie müssen es sogar.«[16]

Um mit einer solchen neuen Rolle angemessen

umgehen zu können, bedarf es vor allem einer Eigenschaft: der Souveränität. Die Souveränität eines Staates ist ja mehr als ein äußerer, völkerrechtlicher Zustand. Souveränität ist insbesondere auch eine Frage der inneren Haltung seiner Bevölkerung, die sich in ruhiger Gelassenheit äußert. Das schließt auch eine Erkenntnis ein, mit der sich die Deutschen schon einmal, nach der Reichsgründung des Jahres 1871, konfrontiert sahen, aber damals nicht abfinden mochten: Eine deutsche Großmacht darf nicht immer und unbedingt das tun, was andere als »normal« betrachten und für sich ganz selbstverständlich in Anspruch nehmen. Dafür gibt es zahlreiche Gründe - wirtschaftliche, politische, militärische, geographische und nicht zuletzt historische. Es steht zu hoffen, daß die neue, die größere Bundesrepublik diese Lektion gelernt hat. Sie wäre damit in den Augen vieler, wiederum vor allem westlicher Nachbarn erstmals im eigentlichen Sinne das, was diese erwartet, erhofft, ja gelegentlich mit Druck oder auch Gewalt zu erreichen versucht hatten: ein anderes Deutschland.

Aus der Sicht dieser Nachbarn haben ja eben jene genannten Faktoren in ihrer Verbindung eine brisante Dynamik entwickelt, und die beiden Weltkriege waren für sie vor allem eine Konsequenz aus dem geballten wirtschaftlichen, politischen und militärischen Potential der geographisch und politisch exponierten Macht in der Mitte Europas.[17] Daß bei manchem die historische Erinnerung, die Angst vor einem ungezügelten Erstarken Deutschlands auf Kosten anderer heute wieder eine Rolle spielt, ist unverkennbar, und wer wollte den Nachbarn das Recht absprechen, sich der Vergangenheit und insbesondere der verheerenden Konsequenzen der deutschen Politik im Zeitalter der Weltkriege zu erinnern?

Zur realistischen Einschätzung ihrer neuen Lage durch die Deutschen selbst zählt nicht zuletzt der möglichst souveräne Umgang mit solchen Erinnerungen, Urteilen und Vorstellungen, wie sie sich bei den anderen, gerade auch bei den Nachbarn und späteren Verbündeten, traditionell mit der deutschen Großmacht verbunden haben. Denn es ist nun einmal ein unabweisbarer Sachverhalt, daß die deutsche Politik vor 1945 jene Klischees häufig durchaus bestätigt hat. Die Deutschen haben heute die große Chance, sich und ihren Nachbarn zu beweisen, daß die Vorurteile überholt sind und die neue deutsche Großmacht aus den Fehlern, Zwängen und Irrwegen der alten gelernt hat.

Wie schwierig das ist und wohl auch in Zukunft sein wird, hat sich in krasser Deutlichkeit bei den schon erwähnten deutschen Entscheidungen des Dezembers 1991 gezeigt, also bei der Erhöhung der Lombard- und Discontsätze durch die Deutsche Bundesbank und beim Vorgehen der Bundesregierung in der Frage der Anerkennung Sloweniens und Kroatiens. Daß die zweite Maßnahme vor dem Hintergrund des damaligen jugoslawischen Bürgerkrieges politisch diskutabel und die erste als Initiative zur Inflationsbekämpfung jedenfalls für die Bundesrepublik sinnvoll war, wollten und konnten auch viele Kritiker der deutschen Politik in Italien, Frankreich, England oder den USA nicht in Abrede stellen. Was irritierte, ja beunruhigte, war die aus dieser Sicht beiden Maßnahmen gemeinsame Methode, nämlich der Versuch der Bundesrepublik, die Partner vor vollendete Tatsachen zu stellen, sie überraschend und durch Druck auf die eigene Linie zu zwingen, ihnen also keine Wahl zu lassen, als sich den deutschen Entscheidungen anzuschließen oder doch jedenfalls auf sie zu reagieren.

So kam es, daß in ausländischen Medien nicht nur wieder einmal vom »Muskelspiel« und von der »Anmaßung« Deutschlands die Rede war, sondern daß dieses Deutschland dort auch erneut als »Koloß«, als »größte« oder »dominante« Macht »im Herzen Europas« firmierte. Der ehemalige amerikanische Präsident Richard Nixon etwa hatte keinen Zweifel, daß die vereinigte Bundesrepublik allein aufgrund ihres »geopolitischen Gewichts« die politischen, wirtschaftlichen und militärischen Strukturen des alten Kontinents entscheidend bestimmen könne.[18] Der nächste Schritt lag nahe, und er war schnell getan: Der Einsatz von Waffen deutscher Herkunft gegen Kurden durch die türkische Armee und die sich daraus Ende April 1992 entwickelnde Krise in den deutsch-türkischen Beziehungen veranlaßten manchen Beobachter zum Nachdenken über die Entstehung eines »Vierten Reiches«, über seine Ziele und Methoden.[19] Die Vergangenheit hatte das vereinigte Deutschland eingeholt.

Seitdem hatte der vereinfachende Vergleich der größeren Bundesrepublik mit dem Deutschen, namentlich mit dem »Dritten« Reich vielerorten Konjunktur, und das vor allem bei Deutschlands westlichen Nachbarn und Verbündeten. Folgte man etwa der Analyse, die der britische Journalist David Marsh 1992 in seinem Buch über die Bundesbank vorgelegt hat, dann stünde diese Institution, die Europa »kontrolliert«, nicht nur in der Tradition der Reichsbank, vielmehr wäre sie auch jahrzehntelang von ehemaligen »Nazis« geleitet worden, was nach dieser Interpretation die Kontinuität der deutschen Finanzpolitik erklärt und gewissermaßen garantiert. Immerhin handelt es sich hier um ein Sachbuch aus der Feder eines Fachjournalisten. Den Anspruch erhob der Polit-Thriller seines Kollegen Robert Harris zwar nicht. Dafür hielt die fiktive Darstellung der Lage Europas und insbesondere Englands nach einem Sieg Hitler-Deutschlands 1992 über Monate die führende Position in der britischen Bestsellerliste.[20]

Nach Erklärungen für dieses Phänomen wird man nicht suchen müssen: Solange Menschen Feindbilder brauchen, und das scheint auch nach dem Ende des Kalten Krieges so zu sein, sind sie für fast jede Form ihrer Präsentation empfänglich. Je mehr sich das Bild der Realität nähert, um so leichter ist es zu vermitteln. Das war im deutschen Fall besonders offenkundig: Hier gab es ja nicht nur bei vielen noch persönliche Erinnerungen an die Zeit des »Dritten Reiches«, vielmehr waren der täglich auf den

Bildschirmen der Welt zu verfolgende Ausbruch des Fremdenhasses in Deutschland oder die beschämenden Bilder geschändeter jüdischer Friedhöfe und Mahnmale geeignet, die alten Erinnerungen zu wekken oder wachzuhalten und neue Ängste aufkommen zu lassen.

Ein Weiteres kommt hinzu: Mit dem Ende der Sowjetunion war der westlichen Welt auch der Gegner und Herausforderer eines dreiviertel Jahrhunderts abhanden gekommen. Dennoch mochte sich in den Staaten Westeuropas oder Nordamerikas kein rechtes Triumphgefühl einstellen, im Gegenteil. Bei einer wachsenden Zahl von Zeitgenossen schien sich der Eindruck festzusetzen, daß sich mit dem Ende des Kalten Krieges auch der feste Rahmen zuverlässiger politischer Orientierung aufgelöst habe. Die erheblichen Probleme der Weltwirtschaft und der Schlingerkurs mancher nationaler Konjunktur trugen das Ihre zu dieser wachsenden Orientierungslosigkeit bei.

So war es kein Zufall, daß man sich zu Beginn der neunziger Jahre allenthalben auf die Suche nach den neuen Herausforderern begab. In den Nachfolgestaaten der Sowjetunion, die sich in einem eher erbarmungswürdigen Zustand präsentierten, waren sie nicht auszumachen. Mancher Gegner vergangener Jahre und Jahrzehnte wie Kuba oder Libyen gaben für Schlagzeilen wenig her, China hielt sich nach dem Massaker des Juni 1989 zurück und begnügte sich mit einer allerdings zunehmend besorgniserregenden Aufrüstung im südchinesischen Meer, und der Irak vermochte die Funktion eines gefährlichen Gegners von globalem Gewicht allenfalls vorübergehend zu erfüllen. Daß dann vielerorten außer in Japan sehr bald auch in Deutschland der neue Herausforderer ausgemacht werden konnte, war schon deshalb naheliegend, weil es der alte Feind und Gegner war und weil das Bild, das sich seit dem ausgehenden neunzehnten Jahrhundert, vor allem aber seit der Zeit des »Dritten Reiches« mit Deutschland verband, mit der Vereinigung neue Konturen und frische Farbe gewann.

Gewiß, aus deutscher Sicht waren die Vergleiche der Politik der Bundesrepublik nach der Vereinigung mit der deutschen Politik in der Zeit des Deutschen, vor allem auch des »Dritten« Reiches nicht akzeptabel. Sorgfältig zu registrieren sind sie aus den genannten Gründen dennoch, zumal sich die klischeehaften Charakterisierungen der Bundesrepublik nicht mehr auf den militärischen und kaum auf den politischen Bereich bezogen. Inzwischen legte sich für ausländische Beobachter etwa der »schwere kulturelle Schatten« Deutschlands auf seine kleineren deutschsprachigen Nachbarn, rollte die deutsche Mode-Industrie »unaufhaltsam« über den europäischen Kontinent hinweg, litt die Wirtschaft Europas unter der »deutschen Vorherrschaft«, mußte schließlich der Versuch etwa der Franzosen, die Deutschen durch eine partielle Abtretung nationaler Souveränität im Rahmen der Europäischen Gemeinschaft »einzudämmen«, mit der Vereinigung als gescheitert, ja als »törichte

Appeasement-Politik« gelten.[21] Dieser Vergleich, der immerhin von William Safire, einem der bekanntesten Kolumnisten der USA, stammte, zielte auf den direkten Vergleich der deutschen Politik in den dreißiger und neunziger Jahren, wählte jedoch die Perspektive der damaligen Gegner Hitler-Deutschlands.

Ganz in diesem Sinne stand Deutschland dann auch im Zentrum jener Debatte über die Verträge von Maastricht, die im Sommer 1992 mit erheblicher Emotionalität in Frankreich geführt worden ist. Bemerkenswerterweise wurde dabei die Angst vor Deutschland und seinem politischen, wirtschaftlichen, auch militärischen Gewicht von beiden Seiten, von Befürwortern und Gegnern des Vertragswerkes gleichermaßen, mobilisiert. Manche Kritiker von Maastricht mochten nicht glauben, daß Deutschland eben wegen seiner Stärke durch einen wie immer gearteten Vertrag eingebunden werden könnte. Sie witterten vielmehr die Gefahr einer Instrumentalisierung der Gemeinschaft durch eine übermächtige Bundesrepublik. Viele Befürworter hingegen prognostizierten für den Fall des Scheiterns einen deutschen Alleingang auf Kosten seiner Nachbarn. Eine solche Situation, so war in Frankreich zu lesen, »würde natürlich das wiedervereinigte Deutschland, verstärkt durch Österreich, dann die Schweiz, die flämischen Länder, Slowenien, Kroatien, Ungarn und so weiter, ermutigen, sich als Vormacht in der Mitte und im Osten Europas zu betätigen«[22]. Keine Frage: Zumindest aus dieser Sicht, aus der Sicht vieler Nachbarn also, befindet sich die Bundesrepublik gleichsam über Nacht wieder in der alten Situation der Großmacht Deutsches Reich. Und das alles gilt in einem doppelten Sinne: So sehr ein vereinigtes Deutschland alte Ängste, Vorurteile und Visionen zu mobilisieren vermag, so sehr verbindet sich mit ihm die Vorstellung von Stabilität.[23] Europa, daran kann kein Zweifel bestehen, braucht Deutschland, und das in fast jeder Hinsicht, als Transitland, als Kern einer gemeinsamen Verteidigung in neuer Form, als Aufnahmeland von Flüchtlingen und Asylanten, als Motor für die Wirtschaft des Kontinents und eben, wie die zitierten Vergleiche der Bundesrepublik mit dem »Dritten Reich« zeigen, gelegentlich auch als Feindbild.

Das alles bedeutet eine enorme Belastung. Als hätte die Bundesrepublik nicht genug mit den politischen, wirtschaftlichen, sozialen und vor allem auch emotionalen Folgen des Vereinigungsprozesses zu tun, muß Deutschland jetzt auch noch den Erwartungen gerecht werden, die sich an die neue Macht in der Mitte Europas richten, und auch das in einer doppelten Hinsicht: Sie muß die Souveränität aufbringen, mit den alten Klischees zu leben und zugleich mit der neuen Macht verantwortlich umzugehen.

Es ist ebendiese Situation, welche die Deutschen selbst zutiefst beunruhigt. Welche Ironie der Geschichte! Ausgerechnet das Phänomen der Macht, mit dem sich ihr Name einst aufs engste verband und nun erneut verbindet, ist den Deutschen fremd geworden, bereitet ihnen Angst: Zeichnete sich

Deutschland für seine Nachbarn, jedenfalls in der Zeit des Deutschen Reiches, durch einen schier unstillbaren Machthunger aus, der wiederholt im »Griff nach der Weltmacht« kulminierte, so galt für die Jahrzehnte nach der »deutschen Katastrophe« das glatte Gegenteil. Schnell fielen die Deutschen vom einen Extrem in das andere, von der »Machtbesessenheit« in eine schon in der Vergangenheit mitunter beklagte, weil den Realitäten kaum mehr angemessene »Machtvergessenheit«[24].

Überraschen kann das nicht. Immerhin hatten sowohl die Deutschen selbst als auch ihre vormaligen Gegner nach dem Ende des Zweiten Weltkrieges alles getan, um nicht nur einen Wiederaufstieg Deutschlands zu alter Größe zu verhindern, sondern auch den entsprechenden Aspirationen und Ambitionen von vornherein einen Riegel vorzuschieben. So wähnten sich die Deutschen fortan der Notwendigkeit enthoben, über auswärtige oder gar über Macht-Politik nachdenken zu müssen. Diese Haltung änderte sich auch nicht, als die Bundesrepublik als exponierter Bündnispartner oder als wirtschaftlicher Gigant längst wieder einen bedeutenden Faktor in der Weltpolitik darstellte. Die Sicht der Deutschen auf die internationalen Beziehungen blieb verstellt, und das bis heute.

II. DIE VERSTELLTE SICHT

Die nüchterne Bestandsaufnahme der deutschen Lage nach der bedingungslosen Kapitulation im Mai 1945 hätte indessen zu einer ganz anderen Einstellung führen müssen oder doch führen können. Das Auswärtige Amt jedenfalls bilanzierte 1972, gut zwanzig Jahre nach seiner Wiedereinrichtung, daß es in der deutschen Geschichte selten einen solchen »zwangsläufigen Primat der Außenpolitik« gegeben habe wie im ersten Jahrzehnt nach Beendigung des Zweiten Weltkrieges, ausgerechnet also in einer Situation, »in der die eigene außenpolitische Handlungsfreiheit äußerst beschränkt war«[25].

So zutreffend dieser Rückblick der geschichtsbewußten Behörde war, so wenig war der Befund im Bewußtsein der Deutschen jener Jahre verankert. Erst allmählich begannen sie in den Monaten und Jahren nach Kriegsende zu realisieren, welchen Stellenwert die Außenpolitik für ihr Land besaß und weiterhin besitzen würde. Das hatte nicht zuletzt damit zu tun, daß eine Reihe von Faktoren anfänglich den Blick auf die Bedeutung der auswärtigen Beziehungen für die Bundesrepublik verstellte. Diese trugen maßgeblich dazu bei, daß die meisten Bundesbürger auch weiterhin auf Distanz zu den Fragen der auswärtigen Politik blieben und sich in selbstgenügsamer Nabelschau übten. Zu diesen Faktoren zählten, abgesehen vom völkerrechtlichen Status des westlichen Deutschland, die bewußte Distanzierung von der deutschen Groß- und Weltmachtpolitik der Vergangenheit, der politische Stil des ersten Bundeskanzlers, die Einstellung der SPD zur Außenpolitik sowie die Dringlichkeit der Lösung wirtschaftlicher und sozialer Fragen.

Daß es vorerst, in den Jahren nach Gründung des westdeutschen Teilstaates, noch gar keine Außenpolitik im strengen Sinne des Wortes gab, war unübersehbar. Die Erlangung außenpolitischer Souveränität und damit weitgehender Handlungsfreiheit in den auswärtigen Beziehungen war das große politische Ziel, das man zuallererst erreichen mußte. Auch deshalb war man ängstlich darauf bedacht, jeden Anschein groß- oder gar weltmachtpolitischen Denkens und damit jede Assoziation mit der deutschen Politik im Zeitalter der Weltkriege zu vermeiden. Das konnte schon deshalb relativ problemlos gelingen, weil es den äußeren Rahmen, einen deutschen Nationalstaat nämlich, nicht mehr gab und weil den meisten Deutschen, nachdem der letzte Versuch 1945 einmal mehr in einer Katastrophe geendet war, weniger denn je der Sinn nach groß- oder gar weltmachtpolitischen Aktivitäten im beschriebenen Sinne stand.

Es gehört zu den nur scheinbar paradoxen Zügen deutscher Politik nach 1945, daß der faktische Rückzug aus der Weltpolitik von einem erheblichen Interesse an den Staaten der außereuropäischen Welt begleitet wurde. Von Anfang an hat die Bundesrepublik die Beziehungen zu diesen kultiviert – mit guten Gründen: Zum einen gab es hier, insbesondere im Bereich des Nahen und Mittleren Ostens, eine bescheidene, aber geschätzte Tradition. Zum zweiten kam den Deutschen jetzt zugute, daß sie als Kolonialherren 1919 von anderen abgelöst worden waren und damit in der Zeit der Dekolonisierung bzw. Befreiung nicht mehr mit diesem Odium behaftet waren: Die ersten offiziellen Staatsbesucher in der Bundesrepublik kamen 1954/55 aus Äthiopien, dem Iran und Indonesien.

Schließlich zeigte die Art und Weise des deutschen Engagements, daß die außereuropäische Welt vor allem zu einem Faktor der Außenwirtschaftspolitik geworden war. Einen Schritt in die Weltpolitik, etwa mit dem Ziel einer Stärkung des eigenen Gewichts gegenüber den Großmächten und vergleichbar den Motiven Großbritanniens und Frankreichs beim Suez-Abenteuer des Herbstes 1956, bedeuteten diese Aktivitäten also nicht, im Gegenteil. Sie kaschierten oder relativierten allenfalls die Konzentration auf die eigentlichen Ziele bundesdeutscher Außenpolitik, und die hatten mit Weltpolitik so wenig zu tun wie der deutsche Massentourismus mit Weltläufigkeit.

Darauf bedacht, jedwedes Anknüpfen an die deutsche Groß- und Weltmachtpolitik der ersten Jahrhunderthälfte zu unterbinden, waren selbstverständlich auch die alliierten Siegermächte des Zweiten Weltkrieges. Von Anfang an, äußerlich dokumentiert in den Entnazifizierungskampagnen, machte man den Deutschen klar, daß die Zeiten aktiver Großmachtpolitik vorüber seien und daß die Erinnerung an die deutschen Ambitionen und Exzesse in der ersten Hälfte des Jahrhunderts als Mahnung stets lebendig bleiben würde. Das deutsche Machtbewußtsein wurde dementsprechend gründlich in seine Schranken verwiesen. Die Demontagen vor allem im Bereich der Schwerindustrie, die faktische Abtretung weiter Gebiete an Polen und die Sowjetunion, die Besetzung des restlichen Deutschlands und seine Aufteilung in Besatzungszonen, später in zwei Staaten - diese und andere Maßnahmen mehr sollten die Deutschen endlich zur Raison bringen, sollten sie »zähmen«[26].

Das mußte sich auf ihre Einstellung zu den auswärtigen Beziehungen auswirken, mußte ihr Desinteresse an der auswärtigen Politik weiter verstärken. Immerhin konnte die Bundesrepublik ja bis zuletzt, bis zum 15. März 1991, Außenpolitik nur unter alliierten Vorbehalten bezüglich Berlins und Deutschlands als Ganzem betreiben: An diesem Tage hinterlegten als letzte der vier ehemaligen Siegermächte die Sowjets in Bonn die Ratifikationsurkunde des »Vertrages über die abschließende Regelung in bezug auf Deutschland«, also des sogenannten Zwei-plus-Vier-Vertrages, der damit in Kraft trat. Strenggenommen blieb die Bundesrepublik bis zu diesem Zeitpunkt in den Fragen der Zukunft Deutschlands als Ganzem und des Schicksals Berlins von der Mitsprache anderer abhängig. Vergleichbares galt für die vitale Frage der äußeren Sicherheit.

Nicht zuletzt dieser Umstand erklärt auch, warum die deutsche Politik in den ersten Jahren nach Gründung der Bundesrepublik Deutschland im Mai 1949, von einigen großen Perspektiven wie Freiheit und Sicherheit abgesehen, kaum ein klares Profil erkennen ließ: Sie war eben zunächst in hohem Maße eine Reaktion auf Vorgaben, die ihr von den westlichen Alliierten gemacht wurden. Die Kunst bestand in der Ausgestaltung und Erweiterung des geringen Handlungsspielraums, in dem Versuch, durch das Erkennen und Nutzen neuer Konstellationen, wie etwa der durch den Korea-Krieg entstandenen Situation, sukzessive größere Handlungsfreiheit zu erhalten.

Darum bemühte sich Konrad Adenauer im ganzen erfolgreich in seinen Verhandlungen zunächst mit den Militärgouverneuren, dann, seit September 1949, mit den Hohen Kommissaren. Spektakulär war das nicht. Aber der Vorsitzende der CDU in der britischen Zone und Präsident des Parlamentarischen Rates, seit September 1949 dann der erste Kanzler der Bundesrepublik, wußte, wie sein Biograph gezeigt hat, daß Außenpolitik »empirisch und induktiv« betrieben werden muß. Das erklärt, weshalb er »verschiedene Linien nebeneinander herlaufen« ließ. Zudem hat Adenauer nie zu jenen gehört, »die von einem Primat der Außenpolitik reden«. Politischer Erfolg stellte sich für ihn nur bei angemessener Berücksichtigung aller Felder der Politik, also insbesondere auch der Innenpolitik in allen ihren Bereichen ein.[27] Das galt natürlich gerade für die Jahre 1945 bis 1955, in denen außen- und innenpolitische Fragen weniger denn je voneinander zu trennen waren.

Daß der potentiell hohe Stellenwert der Außenpolitik in diesen frühen Jahren nicht ohne weiteres erkennbar war, lag aber nicht nur am Fehlen klar konturierter Konzepte ihres führenden Repräsentanten. Vielmehr hielt sich eine der wichtigsten Parteien des jungen Bonner Staates, die SPD, weitgehend von den auswärtigen Beziehungen fern. Carlo Schmid, der die Partei mehr als zwanzig Jahre im Bundestag vertrat, hat diese Haltung rückblickend auch damit erklärt, daß es in den Jahren nach 1945 »noch nicht viele Frauen und Männer in der SPD gab, die sich bereits mit Tatbeständen der Außenpolitik verantwortlich auseinandergesetzt hatten«[28]. Hier liegt eine von mehreren Erklärungen dafür, daß sich die SPD nach Ende des Zweiten Weltkrieges fast fünfzehn Jahre lang in außenpolitischen Fragen nahezu abstinent verhielt oder aber in der Außenseiterposition weitgehender Ablehnung der auf Westintegration ausgerichteten deutschen Außenpolitik verharrte.

Dahinter stand eine lange Tradition. Anders als die CDU, die ja in dieser Formation als Partei keine Geschichte hatte, blieb das Verhältnis der Sozialdemokraten zu den auswärtigen Beziehungen stark von ihrer historisch geprägten Einstellung bestimmt. Es war der Abgeordnete Wilhelm Liebknecht, der im Januar

1882 vor dem Deutschen Reichstag das Bekenntnis ablegte: »Die beste auswärtige Politik ist gar keine.« Und wenn er, an die Adresse Bismarcks gerichtet, die Aufgabe einer guten Regierung darin erblickte, »statt mit dem *Auslande*« sich mit den »inneren Angelegenheiten« zu beschäftigen und »*Frieden und Wohlfahrt im Lande selbst herzustellen*«[29], so dokumentierte das einerseits die durchaus bedenkenswerten innen- und sozialpolitischen Prioritäten der SPD, war aber andererseits ein Stück polemischer Rhetorik und spiegelte darin durchaus die Haltung der Sozialdemokraten zu den auswärtigen Angelegenheiten wider. Daran sollte sich auch in den Zeiten wenig ändern, in denen das Parlament auf dem Feld der Außenpolitik erheblich mehr aktive Gestaltungs- bzw. Mitwirkungsmöglichkeiten hatte als in der Kaiserzeit: Die SPD der Weimarer Republik überließ das Heft außenpolitischer Entscheidungen weitgehend und selbst dann anderen, als sie die Regierungsverantwortung maßgeblich mittrug.

Die Jahre nach 1945 gaben offenbar wenig Veranlassung zu einer grundlegenden Revision oder Korrektur der sozialdemokratischen Haltung zur auswärtigen Politik. Die zweitstärkste und zugleich traditionsreichste Partei der Bundesrepublik meldete sich erst mit Herbert Wehners berühmter Bundestagsrede vom 30. Juni 1960 wieder als Akteur auf der außenpolitischen Bühne zurück. Nachdem sich die Partei ein Jahr zuvor, im Godesberger Programm, innenpolitisch auf den Boden bundesdeutscher Realität gestellt hatte, bekannte sich die SPD jetzt auch ausdrücklich zur Politik konsequenter Westintegration des Bonner Staates.

Das geschah in einer Situation, als die grundlegenden Entscheidungen nicht nur längst gefallen, sondern der Gestaltungs- und Handlungsspielraum deutscher Außenpolitik durch ebenjene vielfache Einbindung der Bundesrepublik in die westlichen Gemeinschaften erneut eingeschränkt war. In den großen außenpolitischen Debatten der fünfziger Jahre um die Wehrpolitik, die Ausrüstung der Bundeswehr mit atomaren Trägerwaffen oder die Europäische Wirtschaftsgemeinschaft, in denen diese Einbindung festgelegt wurde, gingen die entscheidenden Initiativen, Anstöße und Entwürfe nicht von den Sozialdemokraten aus. Diese jahrelange außenpolitische Zurückhaltung, ja Verweigerung der SPD hat gewiß nicht unerheblich dazu beigetragen, daß sich immer mehr Bundesbürger, unter ihnen auch die meisten Historiker, von weltpolitischem Denken verabschiedeten (vgl. IV).

Nun hatten die Sozialdemokraten aus ihrer Sicht durchaus gute Gründe für die Enthaltsamkeit auf außenpolitischem Gebiet. Indem sie ihr Hauptaugenmerk auf die »inneren Angelegenheiten«, auf die Wiederherstellung der »Wohlfahrt im Lande« richteten, hofften sie am ehesten Wähler gewinnen zu können. Diese Politik stand ganz im Einklang mit der zitierten Tradition der Partei. Immerhin verband und verbindet sich mit der SPD »das Soziale« und damit der einzige Wert, der in diesem Jahrhundert für die Deutschen »wirklich unumstritten« war.[30] Und selbstverständlich konnte es in der Nachkriegszeit an der Dringlichkeit einer Lösung der wirtschaftlichen und sozialen Probleme, der Beseitigung der akuten Not, keinen Zweifel geben.

In den ersten zehn Jahren nach Kriegsende war man sich daher in Bonn auch über die Parteigrenzen hinweg in zwei Punkten weitgehend einig: in dem Wunsch, möglichst rasch das wichtigste außenpolitische Ziel, Souveränität und Handlungsfreiheit, zu erreichen, und in der Erkenntnis, daß das Erreichen dieses Ziels und die innere Entwicklung Westdeutschlands in einem engen Zusammenhang standen, daß außen- und innenpolitische Fragen untrennbar miteinander verbunden waren und sich gegenseitig bedingten.

Man denke nur an die Demontagen im Bereich der westdeutschen Schwerindustrie und an ihre Bedeutung bei den Verhandlungen Adenauers mit den Hohen Kommissaren: Für den Kanzler besaß das Demontageproblem schon deshalb eine hohe außenpolitische Priorität[31], weil es erhebliche Rückwirkungen auf die Situation im Innern hatte. Die aber und mit ihr der politische Erfolg oder Mißerfolg waren in den ersten Jahren durch die Beseitigung der wirtschaftlichen Not, die Lösung der sozialen Frage sowie die mit beiden Aufgaben aufs engste verbundene Bewältigung des Vertriebenen- und Flüchtlingsproblemes verknüpft. Deshalb kämpfte Adenauer in der

Anfangszeit der Bundesrepublik auf dem Petersberg, wo die Verhandlungen mit den Vertretern der Westmächte in der Regel stattfanden, um jeden Hochofen. Deshalb suchte er seinen Gesprächspartnern eindringlich klarzumachen, daß die »Leute« die weitere Demontage der deutschen Montanindustrie angesichts der wirtschaftlichen Situation in Deutschland »einfach nicht« verstehen würden.[32]

Insofern überrascht es auch nicht, war vielmehr »typisch für die damalige Zeit«, daß die beiden großen Parteien den Wirtschaftspolitischen Ausschuß des Bundestages in der ersten Legislaturperiode für den wichtigsten hielten. So fiel der Ausschuß für Auswärtige Angelegenheiten, da sich die CDU für den Wirtschaftspolitischen Ausschuß entschied, im ersten Deutschen Bundestag an die Sozialdemokraten. Auch auf diesen in mehrfacher Hinsicht bemerkenswerten Sachverhalt hat Carlo Schmid, sein erster Vorsitzender, aufmerksam gemacht.[33]

Der Tatbestand einer engen Verschränkung von deutscher Außen- und Innenpolitik, von ihrem gegenseitigen Bedingtsein im ersten Jahrzehnt nach Kriegsende gilt wiederum in einem doppelten Sinne. Einmal wies etwa schon der Historiker Hans Rothfels, einer der renommiertesten Vertreter seines Faches, in den fünfziger Jahren wiederholt darauf hin, daß der Erfolg bundesdeutscher Außenpolitik nicht zuletzt »von einer produktiven Lösung innerer Staats- und Gesellschaftsprobleme«, von einer »standfesten sozialen Ausgangslage« abhänge. Insofern sei »gute

Innenpolitik« im Falle der Bundesrepublik »ihre beste Außenpolitik«[34]. Diese Sicht der Dinge war bereits ein erster Ausdruck des Abschieds von der Weltpolitik als eigenständigem Bezugspunkt politischer, aber auch wissenschaftlicher Betätigung.

Dann aber definierten die auswärtigen Beziehungen, also in erster Linie die Beziehungen zu den Besatzungsmächten, in der spezifischen Situation, in der sich die Bundesrepublik befand, natürlich die Rahmenbedingungen ihrer Innenpolitik. Dieses Bedingungsverhältnis vor allem hatten die Politiker vor Augen. Das gilt für die Verfassung - hier reicht der Verweis auf die »Frankfurter Dokumente«, durch welche die Militärgouverneure der drei Westzonen im Juli 1948 die westdeutschen Ministerpräsidenten mit den Vorbereitungen für die Teilstaatsgründung beauftragten. Das gilt aber insbesondere auch für die Wirtschafts- und Sozialpolitik: »Daß in einem solchen Trümmerfeld und bei fast völligem Fehlen der politischen und wirtschaftlichen Hilfsmittel die Fragen der inneren Politik zwangsläufig unter dem Gesichtspunkt der Außenpolitik geregelt werden« würden, bedurfte für Kurt Schumacher schon im Mai 1945 »keiner weiteren Begründung«[35]. Und noch im April 1949 erläuterte er den Führungsgremien seiner Partei, »daß natürlich die stärksten Faktoren, auch im innerpolitischen Geschehen Deutschlands, die außenpolitischen Kräfte und die deutsche Auseinandersetzung mit ihnen«[36] seien. »Die außenpolitischen Fragen«, das wußte selbstverständlich auch Konrad

Adenauer, »waren für unser besiegtes Volk die vordringlichsten und wichtigsten; sie waren es auch für die innenpolitischen, wirtschaftlichen und sozialen Probleme.«[37]

Man wird daher den Begriff »Außenpolitik« für die deutsche Nachkriegsgeschichte - und dem Selbstverständnis bundesdeutscher Politiker dieser Jahre entsprechend - anders, weiter fassen müssen, als es die strenge Definition zuläßt; es sei denn, man ginge davon aus, daß es bis zum 5. Mai 1955, dem Tag, an dem die Bundesrepublik weitgehende Souveränität erhielt, keine Bonner Außenpolitik gegeben habe. Die deutsche Situation nach der bedingungslosen Kapitulation war eben exzeptionell. Das hat auch die historische Betrachtung in Rechnung zu stellen. Geht man von der spezifischen völkerrechtlichen Lage Deutschlands im ersten Jahrzehnt nach 1945 aus, so wird man als Außenpolitik auch alle jene Aktivitäten gegenüber den Besatzungsmächten und alle mit deren Billigung erfolgten Initiativen gegenüber Dritten bezeichnen müssen, die dazu dienten, die Voraussetzungen für den Wiederaufbau von wirtschaftlichen, sozialen und politischen Institutionen und mit diesen wiederum die rechtliche wie faktische Basis für die souveräne Außendarstellung des westdeutschen Teilstaates zu schaffen.

Die deutschen Politiker, und zwar sowohl die der Regierungsparteien als auch die der SPD-Opposition, verstanden die Beziehungen zu den Besatzungsmächten sowie die von diesen schrittweise konzedierten Handlungsmöglichkeiten gegenüber Dritten ganz selbstverständlich als Außenpolitik, obgleich man nicht einmal über das wichtigste Instrument, nämlich diplomatische Beziehungen im engeren Sinne, verfügte. Wenn etwa Felix von Eckardt, Adenauers langjähriger Pressesprecher, in der Rückschau zu berichten wußte, daß seine »Arbeitskraft zum überwiegenden Teil der Außenpolitik im weitesten Sinne gewidmet war«[38], dann sagt das sowohl etwas über die Prioritäten als auch über das Selbstverständnis der deutschen Politik jener Jahre aus.

So erklären sich im übrigen auch die Heftigkeit und Emotionalität der Bundestagsdebatte in der Nacht vom 24. auf den 25. November 1949, die in der bekannten Titulierung Adenauers als »Bundeskanzler der Alliierten« durch Kurt Schumacher[39] und in dessen vorübergehendem Ausschluß von den Sitzungen des Parlaments kulminierten. Das sogenannte Petersberger Abkommen, um das es in dieser Debatte ging, bedeutete faktisch eine erste Revision des Besatzungsstatuts. Am 21. September 1949 in Kraft getreten, hatte dieses Statut einseitig die alliierten Besatzungsrechte für die Zeit nach der Gründung der Bundesrepublik festgelegt und den Deutschen damit nachdrücklich demonstriert, daß sie auch fortan namentlich auf den Gebieten der Außen-, Außenwirtschafts- und Sicherheitspolitik im eigentlichen Sinne nicht handlungsfähig waren.

Vor diesem Hintergrund konnte das nur zwei Monate später, am 22. November 1949, zwischen den

Hohen Kommissaren und dem Bundeskanzler unterzeichnete Petersberger Abkommen eben je nach Lesart und politischem Standpunkt sehr unterschiedlich interpretiert werden. Entweder sah man in der Möglichkeit, internationalen Organisationen beitreten und in gewissem Maße wieder konsularische und Handelsbeziehungen aufnehmen zu können, einen ersten wichtigen Schritt auf dem Weg zu politischer Souveränität und Gleichberechtigung, die alle vorrangig anstrebten. Oder aber man glaubte im deutschen Beitritt zur Ruhrbehörde, mit deren Hilfe die Alliierten und die westlichen Nachbarn der Bundesrepublik seit dem Dezember 1948 deren industriellen Aufstieg kontrollierten, das glatte Gegenteil zu erkennen, nämlich eine ohne Not hingenommene Beschneidung der ohnehin geringen Handlungsfreiheit auf außenpolitischem Gebiet. Es war ja in der Tat, und nicht nur in den Augen des Politologen Carl J. Friedrich, ein »seltsamer Widersinn«, daß man Deutschland auf der einen Seite eine eigene Außenpolitik noch versagte, auf der anderen aber seine eigenständige Beteiligung zum Beispiel an der Organisation für Europäische Wirtschaftliche Zusammenarbeit (OEEC) und an ähnlichen überstaatlichen Organisationen gestattete.[40]

Die tumultuarische Bundestagssitzung des Novembers 1949 und ihr Gegenstand verweisen in mehrfacher Hinsicht auf diese ungewöhnliche Situation der deutschen Außenpolitik jener Jahre. Einmal dokumentieren sie, wie untrennbar die inneren und die auswärtigen Angelegenheiten der Republik miteinander verknüpft waren: Nicht zufällig ging es im Petersberger Abkommen und in der entsprechenden Parlamentsdebatte auch um das Problem der Demontagen. Sie zeigen sodann anschaulich, wie selbstverständlich die Verhandlungen Adenauers mit den Hohen Kommissaren und ihre Ergebnisse als Außenpolitik begriffen wurden: Der von Adolf Arndt vorgetragene Hauptvorwurf der SPD-Opposition bezog sich ja auf den Alleingang der Regierung, auf den aus dieser Sicht nicht akzeptablen Versuch, den Bundestag in einer wichtigen Frage der »auswärtigen Beziehungen Deutschlands«[41] auszuschalten.

Zum dritten und vor allem dürften jene Vorgänge den Eindruck weiter Bevölkerungskreise bestätigt haben, daß die Bundesrepublik allenfalls ein Objekt der Weltpolitik und der Stellenwert der auswärtigen Beziehungen nach dem Untergang Deutschlands als souveräner Nationalstaat entsprechend gering zu veranschlagen sei. Gerade diese Einstellung sollte sich als besonders folgenreich erweisen. Denn das Verständnis der Deutschen für Außen- oder gar Machtpolitik und die Fähigkeit, ihren Handlungsspielraum in der internationalen Politik angemessen einzuschätzen, blieben dauerhaft von dieser politischen Konstellation zu Beginn der fünfziger Jahre geprägt. Die weitgehende Souveränität der Bundesrepublik im Jahre 1955, der 1968 erfolgte weitere Abbau der alliierten Vorbehaltsrechte, ja selbst die vollständige Souveränität im März 1991 änderten daran kaum etwas.

Irgendwie wurden die Deutschen das Gefühl nicht los, ein im Grunde besetztes und deshalb letztlich nicht handlungsfähiges Volk zu sein, und sie wollten es wohl auch nicht. Die Stationierung von Armeen aus Frankreich, Großbritannien, den Niederlanden, Belgien, Kanada und vor allem den USA signalisierte für die meisten eben auch eigene Ohnmacht und die Übernahme von Verantwortung durch andere. Man ahnte wohl, daß diese Armeen die Sicht auf Probleme verstellten, die früher oder später von Deutschland zu lösen waren. Die Frage aber, was ihr Abzug für das politische Bewußtsein der Deutschen bedeutet hätte, stellte sich nicht.

Für diese Einstellung, für die halbfreiwillige Delegation von Macht und Verantwortung gab es aus deutscher Sicht auch in den Jahren und Jahrzehnten, die auf die Gründung der Republik folgten, scheinbar gute Gründe: Mit ihrer Aufnahme in die Montanunion, die NATO und die WEU wurde die Bundesrepublik im Laufe der Jahre 1949 bis 1955 fest in die europäischen und atlantischen Gemeinschaften eingebunden, die sich in dieser Zeit als Reaktion sowohl auf die sowjetische Bedrohung und die Erkaltung des internationalen politischen Klimas als auch auf das sich andeutende deutsche Wiedererstarken bildeten (vgl. III). In seiner festen Einbindung lag zugleich eine Vorbedingung für die ersehnte Souveränität des Bonner Staates, der freilich fortan seine politischen Interessen nur noch in beschränktem Maße wirklich selbständig verfolgen konnte.

Die Sicherheits- und Bündnispolitik, die koordinierte Außenwirtschaftspolitik oder auch die im Rahmen der EG abgestimmte Beschäftigungs- und Sozialpolitik waren mithin nicht mehr, wie noch im Zeitalter der Weltkriege, vornehmlich Angelegenheiten nationalstaatlicher Kompetenz. Vielmehr trug die europäische und atlantische Vernetzung bundesdeutscher Politik maßgeblich dazu bei, daß der Nationalstaat und das, was ihn ausmachte – eben eine souveräne Außen-, Sicherheits- und Wirtschaftspolitik –, dem Bewußtsein der Bundesbürger als Kategorie und Bezugspunkt politischen Denkens noch weiter entrückt und endgültig auf eine im Grundgesetz festgeschriebene Formel reduziert wurde. Mehr noch, die feste Einbindung ihres Staates in ein System politischer und wirtschaftlicher »Souveränitätsverzichte«[42] verstärkte bei den Deutschen die Auffassung, daß die auswärtigen Beziehungen gleichsam eine Verlängerung innerer Angelegenheiten seien.

Diese Auffassung von einer untergeordneten Bedeutung außenpolitischer Fragen für die Bundesrepublik setzte sich bei ihren Bewohnern auch in jenen Zeiten fort und fest, in denen ihr Gewicht in der Weltpolitik faktisch wuchs, und das war insbesondere seit den ausgehenden sechziger Jahren der Fall. Dieses größere Gewicht dokumentierte sich etwa in der führenden Rolle der Bundesrepublik bei den Weltwirtschaftsgipfeln der sechs und dann sieben wichtigsten Industrienationen, auf denen sie seit dem ersten Treffen auf Schloß Rambouillet im November 1975 präsent war, oder in der Teilnahme des deutschen Bundeskanzlers am exklusiven Treffen der Staats- und Regierungschefs der USA, Großbritanniens, Frankreichs und der Bundesrepublik, Carter, Callaghan, Giscard d'Estaing und Schmidt, auf Guadeloupe. Hier ging es im Januar 1979 um die Modernisierung der nuklearen Mittelstreckenraketen der Atlantischen Allianz, hier wurde der sogenannte NATO-Doppelbeschluß vom Dezember jenes Jahres vorbereitet.

All das änderte wenig an der reserviert-desinteressierten Einstellung der bundesdeutschen Öffentlichkeit zu den auswärtigen Beziehungen ihres Landes. Nicht zuletzt mußte man, wie zu zeigen sein wird, ja auch davon ausgehen, daß die Prioritäten bundesdeutscher Außenpolitik, Wiedervereinigung und Gleichberechtigung, letztlich unerreichbare Ziele bleiben würden (vgl. III.). Insofern besitzen die heftigen Reaktionen etwa auf die Notstandsgesetzgebung in den späten sechziger oder auf die Ausführung des NATO-Doppelbeschlusses in den frühen achtziger Jahren im Rückblick eine bestechende Plausibilität: Innere und äußere Angelegenheiten waren für die meisten aus den genannten Gründen nicht klar voneinander trennbar, die Möglichkeiten aktiver Einflußnahme auf vitale Fragen deutscher Politik, etwa auf die Herstellung vollständiger Souveränität und die Einlösung der Forderung nach Wiedervereinigung, blieben trotz des tatsächlich wachsenden Gewichts der Bundesrepublik als Faktor der Weltpolitik begrenzt. Die zitierten und ähnliche Entscheidungen und Beschlüsse wurden daher von den Deutschen vornehmlich als innere Angelegenheiten wahrgenommen und behandelt. Ihre außenpolitische Tragweite rückte selten ihrem Gewicht entsprechend in den Horizont bundesdeutschen Protestes.

Dabei ging es im Falle der Notstandsgesetzgebung doch gerade auch um die Ablösung einiger alliierter Vorbehaltsrechte und damit um die Erweiterung des bundesdeutschen Handlungsspielraums. Der NATO-Doppelbeschluß wiederum hatte nicht zuletzt eine Verminderung des Wettrüstens und damit des Risikos einer Bedrohung der Bundesrepublik von außen zum Ziel. Daß er schließlich, im sogenannten INF-Vertrag vom Dezember 1987, sogar zur Verschrottung eines kompletten Waffensystems, nämlich der landgestützten Mittelstreckenwaffen kürzerer und längerer Reichweite in Europa, führen und überdies maßgeblichen Anteil am Zusammenbruch der kommunistischen Diktaturen Osteuropas haben sollte, bestätigte im nachhinein die entsprechenden Analysen, Beschlüsse und Prioritäten der ausgehenden siebziger Jahre, auch wenn niemand eine solche Entwicklung zu prognostizieren gewagt hätte.

Daß die Bundesrepublik einen nicht unerheblichen, wenn auch nie wirklich entscheidenden Anteil an der Konzeption, Formulierung und Umsetzung dieser Beschlüsse hatte, ließ schon damals deutlich werden, in welchem Maße sie inzwischen auf einigen Gebieten Einfluß auf Entscheidungen und Entwicklungen von europaweitem, ja selbst globalem Gewicht nehmen konnte. Gleichzeitig offenbarten die Reaktionen der bundesdeutschen Öffentlichkeit auf solche Vorgänge, wie wenig sie die wachsende Bedeutung ihres Landes wahrhaben wollte, wie sehr ihre Sicht der Dinge also durch die Kehrseite der Medaille, die faktische Handlungsunfähigkeit in vitalen Fragen der deutschen Politik - vor allem denjenigen der Souveränität, der Gleichberechtigung und der Wiedervereinigung Deutschlands -, geprägt war.

In gewisser Weise blieb das Verhältnis der Deutschen zu den auswärtigen Beziehungen ihres Landes gleichsam jenen Gegebenheiten und Erfahrungen der späten vierziger und frühen fünfziger Jahre verhaftet, in denen selbst solche Fragen von anderen Mächten entschieden wurden, die jeder souveräne Staat als genuin innere Angelegenheit reklamiert hätte. Das zitierte Petersberger Abkommen gehörte ebenso dazu wie die interalliierte Diskussion der sogenannten Stalin-Noten vom März und April 1952. Immerhin schlug der sowjetische Diktator hier die Wiedervereinigung eines bis zur Oder-Neiße-Linie verkleinerten, aus freien Wahlen unter Viermächtekontrolle hervorgegangenen, eingeschränkt bündnisfähigen sowie zur Selbstverteidigung fähigen Deutschland vor. Adressat dieser Initiativen aber waren eben nicht die Deutschen selbst, sondern die westlichen alliierten Siegermächte des Zweiten Weltkrieges.

In diesem Sinne, hinsichtlich der Determinierung auch gerade innerer Ereignisse und Entwicklungen durch äußere Rahmenbedingungen, konnte man also von einem »Primat der Außenpolitik« sprechen, wie das etwa der SPD-Vorsitzende Kurt Schumacher tat.[43] Damit war aber eben nicht oder doch zuallerletzt die deutsche Gestaltungsfähigkeit auf dem Felde der auswärtigen Politik, sondern gerade die weitgehende Determinierung und damit Beschränkung der deutschen Politik von außen gemeint. Dieses zeitbedingte doppelte Verständnis deutscher Außenpolitik bewirkte ein dauerhaftes Mißverständnis. Die bis zuletzt nicht vollständig erreichbare Handlungsfreiheit, die mehrfache Abhängigkeit von den Alliierten und eine durch beide Umstände bedingte Mentalität, die das Gefühl, besiegt und besetzt zu sein, nie ganz verlieren wollte oder sollte, leisteten diesem Mißverständnis Vorschub.

Indem die Deutschen dieses Mißverständnis kultivierten, blieb ihre Sicht von Außen- oder auch Machtpolitik jener Zeit und jenen Umständen verhaftet, in denen sie entstanden war. Und für ein »besiegtes, besetztes Volk« wie das deutsche bedeutete auswärtige Politik nun einmal, wie auch Konrad Adenauer feststellen mußte, »etwas ganz anderes als für ein Volk, das sich in normalen Verhältnissen befindet«[44]. Genaugenommen haben sich die Deutschen der Bundesrepublik nie »in normalen Verhältnissen« befunden, war ihr Staat im eigentlichen Sinne des Wortes und jedenfalls bis zur Ablösung der letzten alliierten Vorbehaltsrechte in den Jahren 1990/91 nie ein gänzlich »freier, selbständiger Faktor«[45] in der internationalen Politik. Denn zum einen definierten jene

Rechte, die sich ja vor allem auf Berlin und Deutschland als Ganzes bezogen, den Rahmen der deutschen Handlungsfreiheit. Zum anderen war die Gewährung dieser Handlungsfreiheit an klare Bedingungen geknüpft, allen voran an die feste Verankerung im westlichen Bündnis. In diesem und nur in diesem Sinne war die Bundesrepublik seit dem 5. Mai 1955, also mit dem Inkrafttreten des sogenannten Deutschlandvertrages, ein souveräner Staat.

Damit erhielt Bonn immerhin das wichtigste Mittel, um fortan selbständig seine »nationalen Interessen« verfolgen und sich zugleich an der »Wahrung ... der internationalen Ordnung«[46] beteiligen zu können: eine eigene Außenpolitik. Nachdem das Petersberger Abkommen und die erste Revision des Besatzungsstatuts am 6. März 1951 die Schaffung der entsprechenden Instrumentarien wie die Wiedereinrichtung des Auswärtigen Amtes und den Aufbau eines diplomatischen Dienstes ermöglicht hatten, konnte die Handlungsfreiheit in den auswärtigen Angelegenheiten nunmehr, seit dem Mai 1955, zur Sicherung und zum Ausbau des bislang Erreichten, vor allem aber zum Verfolgen alter und neuer außenpolitischer Ziele genutzt werden.

III. DIE PRIORITÄTEN BIS 1990

In der Rückschau lassen sich drei Hauptziele bundesdeutscher Außenpolitik identifizieren: Wiedervereinigung, Sicherheit, Gleichberechtigung. Sie waren in mehrfacher Hinsicht miteinander verbunden, voneinander abhängig. Je weniger das Ziel der Wiedervereinigung in einer absehbaren Zeit erreichbar schien, weil Sicherheit eben nur in der zunehmenden, namentlich auch militärischen Integration in die westlichen Gemeinschaften zu haben war, um so mehr rückte die Forderung nach Gleichberechtigung in den Vordergrund, weil der amputierte Teilstaat als solcher schon schlechter dastand als seine Nachbarn und Verbündeten und weil sein besonderes Sicherheitsbedürfnis ihn ebendeshalb für die klassische Demonstration der Nicht-Gleichberechtigung, die »Demütigung«[47], anfällig machte.

Auch in diesem Fall gibt erst der Rückblick die überragende Bedeutung der Gleichberechtigungsforderung für die bundesdeutsche Außenpolitik auch noch nach 1955 frei. Gleichberechtigt im vollen Sinne wäre man ja nur dann gewesen, wenn man wie die anderen eine nicht unter äußeren Vorbehalten stehende

Außenpolitik hätte treiben können. Da das aber allenfalls nach der definitiven Aufgabe des selbstauferlegten Gebots der Wiedervereinigung oder aber nach deren Erlangung möglich war, blieb die Gleichberechtigung bis 1991 ein in letzter Konsequenz unerfüllter Wunsch. Damit waren zwei der drei Hauptziele der Bonner Außenpolitik, Wiedervereinigung und Gleichberechtigung, gerade aufgrund ihrer gegenseitigen Bedingtheit nicht erreichbar, jedenfalls nicht aus eigener Kraft und nicht auf absehbare Zeit.

Das wußten alle realistisch denkenden deutschen Politiker wohl schon seit dem Genfer Gipfel vom Juli 1955. Dieses erste Treffen der Staats- und Regierungschefs der USA, Großbritanniens, Frankreichs und der Sowjetunion seit der Potsdamer Konferenz und damit seit zehn Jahren fand natürlich ohne deutsche Beteiligung statt. Immerhin kamen Eisenhower, Eden, Faure und Bulganin hier zu dem Schluß, daß die Interessen des deutschen Volkes und die Sicherheit Europas auf der gleichen Ebene rangierten, daß also die letztere nicht mehr, wie bis dahin von den Westmächten unterstellt, zwingend eine Folge der Überwindung der Teilung Deutschlands sei. Das wurde natürlich auch in Bonn mit nervöser Aufmerksamkeit registriert.

Die Ahnung, daß die deutsche Frage im Sinne der Wiedervereinigung für die Verbündeten Bonns keine Priorität mehr besaß, auch wenn sie verbal an dieser Forderung festhielten, verdichtete sich in den Jahren 1958 bis 1961 zur Gewißheit. Zwar gaben die Westmächte der ultimativen Forderung des neuen starken Mannes im Kreml, Nikita Chruschtschow, nach Räumung West-Berlins nicht nach. Doch ließ die Genfer Mammut-Außenministerkonferenz des Sommers 1959, die letzte bis zum Beginn der »Zwei-plus-Vier-Verhandlungen« im Mai 1990, endgültig die Grenzen westlicher Politik deutlich werden, die dann am 13. August 1961 mit dem Bau der Berliner Mauer zur steinernen Realität wurden; die von den westlichen Verbündeten auch weiterhin mitgetragene Forderung nach Wiedervereinigung klang in deutschen Ohren fortan mehr wie eine Beschwörungsformel denn wie ein realistisches und realisierbares politisches Programm.

Allerdings mochten nur wenige Deutsche sich diesen Sachverhalt eingestehen oder gar, wie der in Basel lehrende Philosoph Karl Jaspers, öffentlich die Vermutung äußern, daß die Westmächte die deutsche Forderung nur deshalb unterstützten, »weil sie wissen, daß die Wiedervereinigung ja doch nicht kommt«[48]. Ohne oder gar gegen die westlichen Verbündeten aber war diese ohnehin nicht zu haben. Ebensowenig konnte man jedoch an eine Aufgabe der durch die Präambel des Grundgesetzes festgeschriebenen Aufforderung zur Wiedererlangung der deutschen Einheit denken. Das Ergebnis war das deutsche Paradoxon, das geradezu klassische Beispiel einer ausweglosen Situation. Ist es auszuschließen, daß sich die Bundesdeutschen nicht zur Aufgabe des Wiedervereinigungsgebots bereit zeigten, weil sie wußten, daß es nicht realisierbar war? Diente solches Verhalten als komfortables Argument für zurückhaltendes Agieren bei internationalen Verpflichtungen, oder war es der Versuch, die ausweglose Situation zu bewältigen?

Aus historischer Sicht jedenfalls ist soviel sicher: In dieser Ausweglosigkeit gründeten der Reiz und die Notwendigkeit deutscher Ostpolitik. Angesichts der geschilderten Situation lag der Schlüssel für eine wie immer geartete Lösung der deutschen Frage in Moskau. Adenauer tat im September 1955 den ersten Schritt mit seiner Reise in die sowjetische Hauptstadt und mit der Aufnahme diplomatischer Beziehungen zur vierten alliierten Siegermacht des Krieges, dem weitere mit seinen geheimen Vorstößen gegenüber »Sowjetrußland« in den ausgehenden fünfziger und beginnenden sechziger Jahren folgten. Immerhin ging der Kanzler im März 1958 gegenüber dem sowjetischen Botschafter Smirnow so weit, Moskau eine Art Handel auf begrenzte Zeit vorzuschlagen: den Status »militärischer Neutralität« für die DDR und damit Einfrieren der Wiedervereinigungsforderung gegen die Möglichkeit für ihre Bevölkerung, »so zu leben, wie sie es wünsche«[49].

Die Regierungen Erhard und Kiesinger setzten den Kurs vorsichtig dosierter aktiver Ostpolitik fort, indem sie den Sowjets Gewaltverzichtsabkommen vorschlugen und mit der Errichtung von Handelsmissionen in den Staaten des Warschauer Paktes, schließlich 1967 mit der Aufnahme diplomatischer Beziehungen zu

Rumänien die hinderliche sogenannte Hallstein-Doktrin zu den Akten legten. Sie war im Anschluß an Adenauers Moskau-Besuch vom damaligen Leiter der Politischen Abteilung des Auswärtigen Amtes, Wilhelm Grewe, entwickelt, aber nach dem amtierenden Staatssekretär der Behörde benannt worden, drohte jedem Land, das diplomatische Beziehungen mit der Bundesrepublik besaß und solche auch mit der DDR aufnahm, mit Konsequenzen bis hin zum Abbruch der Beziehungen und sollte vor allem die breite Anerkennung des anderen deutschen Staates hinauszögern.

Nirgends zeigt sich deutlicher als an diesem Beispiel, daß die Außenpolitik der Bundesrepublik in ihrem Kern immer auch Deutschlandpolitik war und so lange sein mußte, als das Gebot der Wiedervereinigung und die Forderung nach Selbstbestimmung für das deutsche Volk ihre verbindlichen Maximen waren. Das wiederum hatte die groteske Folge, daß die Deutschlandpolitik, da sie nicht Außenpolitik sein durfte, auch nicht von der für die Außenpolitik zuständigen Behörde betrieben werden konnte.

Abgeschlossen wurde diese Phase intensivierter Ost- und dann auch Deutschlandpolitik durch die Regierung Brandt, namentlich durch den deutsch-deutschen sogenannten Grundlagenvertrag, von dem noch zu reden sein wird. Als sich dann schließlich, ausgelöst durch das Zusammenbrechen des sowjetischen Imperiums, Ende der achtziger Jahre ganz unerwartet die Chance einer (Wieder-)Vereinigung der beiden deutschen Teilstaaten eröffnete, führte wiederum kein Weg an Moskau vorbei. Die Regierung, so hat mit Egon Bahr einer der Architekten sozialliberaler Ostpolitik 1992 im Rückblick festgehalten, »konnte gar nicht anders. Die mußte im engsten Kontakt bleiben mit den Russen«, ganz gleich welche.[50]

Diese Ostpolitik der fünfziger, sechziger und siebziger Jahre barg eine ganze Reihe von Risiken und Chancen gleichermaßen. Vor allem war da die Gefahr, daß die westlichen Verbündeten Verdacht schöpfen, daß sie die bundesdeutschen Aktivitäten im Osten als »Sonderweg«, »Schaukelpolitik« oder noch Übleres interpretieren könnten. Es ist jedenfalls auffallend, wie intensiv alle Regierungen von Adenauer bis Brandt darum bemüht waren, dem Eindruck einer deutschen »Rapallo«-Politik vorzubeugen. Was aber das eigentliche Ziel, die Wiedervereinigung Deutschlands, angeht, so kamen die Bonner Moskau-Reisenden keinen Schritt weiter, im Gegenteil. Alle Aktivitäten - von der Aufnahme diplomatischer Beziehungen bis hin zu den Ostverträgen der Jahre 1970 bis 1973 und zur »Konferenz über Sicherheit und Zusammenarbeit in Europa« in den Jahren 1973 bis 1975 - mußten den Status quo gerade zementieren. Das deutsche Paradoxon bekam eine neue, vorhersehbare Qualität, und es war Egon Bahr, der 1988 mit den Worten »Wer ... die deutsche Frage aufwirft, stört Europa« die Konsequenz zog und daran die Prognose knüpfte, daß es auch am Ende des Entspannungsprozesses die »beiden Staaten« geben werde: »Das muß man nicht nur wissen, sondern man muß es auch sagen und sogar wollen.«[51]

Und der Gewinn westdeutscher Ostpolitik? Er lag wohl vor allem in einer gewissen Erweiterung des eigenen Handlungsspielraums. Das galt schon für den ersten Schritt Adenauers vom September 1955, der unter anderem ebendeshalb getan wurde. Die Aufnahme diplomatischer Beziehungen zur Sowjetunion lockerte den Würgegriff vollständiger und bedingungsloser Abhängigkeit von den Westmächten, in die sich die Bundesrepublik hinsichtlich des Schicksals der Wiedervereinigung mit der Westintegration begeben hatte. Gleichzeitig aber und gewiß nicht zuletzt bedeutete der Weg nach Moskau einen Zugewinn an Gleichberechtigung mit den Verbündeten.

Einmal mehr stoßen wir also auf dieses zentrale Thema deutscher Außenpolitik nach 1949. Will man seinen Stellenwert verstehen und angemessen würdigen, reicht jedoch nicht die beschränkte Sicht auf die Nachkriegszeit. Denn daß die Forderung nach Gleichberechtigung zumal in den fünfziger und sechziger Jahren eine geradezu überragende Bedeutung besaß, hatte auch etwas mit ihrer besonderen Rolle in der deutschen Geschichte zu tun: War es in der ersten Hälfte des neunzehnten Jahrhunderts der Wunsch der Deutschen gewesen, wie ihre Nachbarn in einem geeinten Nationalstaat zu leben, so verlagerte sich das Bestreben nach Gleichberechtigung mit der weitgehenden Erfüllung dieses Wunsches auf eine andere Ebene. Da der 1871 gegründete Nationalstaat von seiner Geburt an eine Großmacht war, suchten seine Bewohner die Gleichberechtigung nun auf dem Gebiet, auf dem sich die Großmächte der Zeit als solche profilierten und von den kleineren und mittleren Staaten abhoben, also im imperialistischen Wettlauf um die Aufteilung der außereuropäischen Welt. Die Nicht-Gleichberechtigung, die Diskriminierung Deutschlands insbesondere auf militärischem Gebiet war dann auch eines der wichtigsten Argumente deutscher Revisionspolitik nach 1918/19. Das gilt sowohl für die Zeit der Weimarer Republik als auch für die ersten Jahre des »Dritten Reiches«, auch wenn die populäre Forderung nach Gleichberechtigung von Hitler nur vorgeschoben wurde, um andere Ziele zu erreichen und damit das Prinzip zu pervertieren.

Die Forderung nach Gleichberechtigung folgte auch aus dem Wunsch, das zu überwinden, was die deutsche Großmacht in vieler Hinsicht charakterisierte: Deutschland - zuvor schon Preußen - durfte nicht immer das tun, was andere für sich als selbstverständlich in Anspruch nahmen. Preußen-Deutschland war immer die »andere«, das heißt zunächst die neue, die jüngste Großmacht. Das gilt sowohl für das Preußen Friedrichs des Großen nach 1740, also in der Zeit der Kriege um Schlesien, als auch für das unter Bismarcks Führung gegründete Deutsche Reich nach 1871. Es gilt in gewisser Weise auch wieder für das größere Deutschland seit 1990. Anders war die deutsche Großmacht vor allem auch insofern, als wohl in keinem vergleichbaren Fall die Andersartigkeit von den Nachbarn wie von den Deutschen selbst so dauerhaft betont worden ist. Die Rede von dem deutschen »Sonderweg«, eine theoretische und damit abstrakte Überhöhung ex post, bringt das nur unzureichend zum Ausdruck.[52]

Zudem hat kein anderes vergleichbares Land sein politisches Gesicht so häufig geändert wie Deutschland, dreimal allein zwischen 1918 und 1949, also in etwa dreißig Jahren: vom Kaiserreich zur Weimarer Republik, von dieser zur Diktatur des »Dritten Reiches« und von dort schließlich zur Bundesrepublik, die ihrerseits heute, nach den Ereignissen der Jahre 1989/90, eine andere ist als die von 1949. Daß in allen diesen Fällen der Wandel in erheblichem, wenn nicht entscheidendem Maße von außen bedingt oder doch jedenfalls mitbedingt war, ist bezeichnend. In dieser Besonderheit oder Andersartigkeit gründete und gründet das ungewöhnlich stark ausgeprägte Bedürfnis nach einer gleichberechtigten Stellung Deutschlands im Kreis der anderen Mächte, der Nachbarn und der Verbündeten.

Angesichts dieser Tradition überrascht es nicht, daß die deutsche Forderung nach Gleichberechtigung schon bald nach Kriegsende wieder auf dem Tisch lag. Rückblickend hat Adenauer als die beiden »wichtigsten Ergebnisse« seiner politischen Arbeit die Schaffung »normaler Lebensbedingungen« für die »verzweifelten und hungernden Menschen« und das Einfügen Deutschlands als »gleichberechtigtes Mitglied in die westliche Völkergemeinschaft« bezeichnet. Das schloß »sowohl wirtschaftliche, politische als auch militärische Gebiete« ein.[53]

In wirtschaftlicher Hinsicht konnte die Gleichberechtigung der Bundesrepublik spätestens seit Gründung der Montanunion als Prinzip europäischer Politik angesehen werden: Die Bundesrepublik saß im April 1951 neben Frankreich, Italien und den Beneluxländern am Gründungstisch der Europäischen Gemeinschaft für Kohle und Stahl. Blieben das politische und das militärische Gebiet. Bis zum Mai 1955 hatte die Forderung nach politischer Gleichberechtigung aus den genannten Gründen absolute Priorität. So begründete Adenauer im März 1951 die Übernahme des soeben neu eingerichteten Auswärtigen Amtes mit dem Fehlen der deutschen Gleichberechtigung und datierte zugleich das Ende seiner Amtszeit als Außenminister auf die Beendigung dieses Zustandes.[54]

Eine Bedingung für die Beendigung des Besatzungsregimes und damit für die Erlangung der Souveränität war der Beitritt der Bundesrepublik zu einem westlichen Militärbündnis. Damit aber war die Frage nach der Art und Weise der deutschen Integration, nach dem Grad der deutschen Verfügungsgewalt über die zu schaffenden eigenen Streitkräfte aufgeworfen. Die erste Variante, die der französische Ministerpräsident René Pleven 1950 in Form einer integrierten europäischen Streitmacht präsentierte und die den Anstoß für die Verhandlungen über die 1954 schließlich gescheiterte Europäische Verteidigungsgemeinschaft (EVG) bildete, war zum Beispiel für die SPD auch deshalb nicht akzeptabel, weil sie den Deutschen nicht nur nicht die militärische Gleichberechtigung brachte, sondern das glatte Gegenteil. Den Sozialdemokraten war es »aus Gründen der Selbstachtung des deutschen Volkes unmöglich, ein Angebot anzunehmen, das die Deutschen in so unerträglicher Weise diskriminierte und ihre Rolle bei der europäischen Verteidigung auf die einer schlecht bewaffneten Fremdenlegion reduzierte«[55].

Das sah zwar bei der dann realisierten Alternative, dem deutschen NATO-Beitritt, anders aus. Dennoch befand sich die Bundesrepublik in dieser Hinsicht in den fünfziger und sechziger Jahren in einer »grotesken Situation«. Das hatte mit jenen ersten tastenden Entspannungsversuchen zu tun, die sich nach dem Tode Stalins und der Beendigung des Korea-Krieges, also seit 1953, abzuzeichnen begannen: »In Frankreich, in Großbritannien drängte man auf Abrüstung«, so erinnerte sich Adenauer später, »und wir in der Bundesrepublik standen vor der Aufrüstung.« Die Bundesregierung mußte nicht nur »die Pariser Verträge erfüllen, Wehrgesetze im Bundestag verabschieden«[56] und eine Armee aufbauen, sie wollte es auch, lag doch in der Wiederbewaffnung die entscheidende Voraussetzung für die Erringung umfassender Gleichberechtigung insbesondere mit den verbündeten europäischen Großmächten Großbritannien und Frankreich.

Gleichwohl war es keineswegs paradox, sondern

durchaus konsequent, wenn sich die führenden Repräsentanten bundesdeutscher Politik nicht nur zum Prinzip der Entspannung bekannten, sondern sich sogar zum verbalen Vorreiter einer »kontrollierten Abrüstung« machten. Adenauer jedenfalls ließ in den fünfziger Jahren kaum eine Möglichkeit aus, um diese öffentlich einzuklagen.[57] Dafür gab es gute Gründe, insbesondere das Bestreben, einer Isolierung der Bundesrepublik von ihren westlichen Verbündeten vorzubeugen, die eben dabei waren, sich auf eine mögliche Entspannung der Großwetterlage einzustellen. Als noch nicht wiederbewaffnetes Land konnte die Bundesrepublik diesen Standpunkt ebenso einleuchtend vertreten wie das von Adenauer immer wieder angeführte Argument, daß man die Aufrüstung in dem Augenblick anhalten werde, in dem die Sowjets und ihre Verbündeten auf ein vergleichbares Niveau abgerüstet hätten.

Zugleich handelte es sich aber auch um eine Flucht nach vorn: Indem namentlich Adenauer die Forderung nach einer allgemeinen, kontrollierten Abrüstung erhob, suchte er von Alternativen abzulenken, die er als besonders gefährlich erachtete, insbesondere die diversen Vorschläge zu einer Neutralisierung Deutschlands. Die Bundesrepublik sollte nicht das Opfer der Entspannung werden. Darin wiederum offenbarte sich ein erhebliches Mißtrauen gegenüber den Verbündeten, das ja auch für die Forderung nach militärischer Gleichberechtigung mitverantwortlich zeichnete.

Insofern hatte die Bonner Politik, hatte Adenauers Forderung nach kontrollierter Abrüstung auch eine taktische Stoßrichtung gegen die Westmächte. Sie war ein Mittel, um den Aufbau der Bundeswehr durch die aus deutscher Sicht unsichere Zone der Entspannungseuphorie zu bringen, die für Adenauer ihren gefährlichsten Ausdruck in der sogenannten Disengagement-Diskussion nach dem Genfer Gipfel des Sommers 1955 fand. In deren Zentrum stand das Bemühen um ein Auseinanderrücken der Blöcke durch die Entwicklung von neutralen, Inspektions- oder sonstigen Zonen. Diese wurden von östlicher Seite, etwa durch den polnischen Außenminister Adam Rapacki, aber auch von westlicher Seite ins Gespräch gebracht, so zum Beispiel durch den amerikanischen Diplomaten George F. Kennan, und bargen für die Bundesrepublik eine besondere Gefahr: Sie hätten nämlich einen Aufbaustopp der Bundeswehr und dieser wiederum eine »Diskriminierung«, eine nachhaltige Gefährdung jener Gleichberechtigung bedeutet, der nicht nur der erste Bundeskanzler gerade im Verhältnis zu den westlichen Nachbarn eine überragende Bedeutung zumaß.

Vor allem in diesem Sinne ist auch die deutsche Forderung nach Ausrüstung der Bundeswehr mit nuklearen Gefechtsfeldwaffen zu sehen, die ihren Niederschlag in einem entsprechenden Entschließungsantrag des Bundestages vom 25. März 1958 fand. Vordergründig stellte sie eine Reaktion auf die strategische Neuorientierung der NATO dar, die durch einen Plan des amerikanischen Generalstabschefs, Admiral Radford, ausgelöst worden war. Danach wollten sich die Vereinigten Staaten auf den Ausbau ihrer Fähigkeit zum nuklearen Vergeltungsschlag konzentrieren. Den Europäern und namentlich der im Aufbau befindlichen Bundeswehr maß der Plan die Funktion eines »Schildes« zu, mit dem ein konventioneller Vorstoß des Warschauer Paktes möglichst lange aufgehalten werden sollte.

Tatsächlich sollte die Ausrüstung der Bundeswehr mit atomaren Trägerwaffen, wie sie der Bundestag im März 1958 forderte, aber nicht nur der Bundeswehr die Erfüllung der ihr zugedachten Aufgaben ermöglichen und so die »Erkenntnis der Russen« fördern, »daß es auch für sie notwendig ist, abzurüsten«. Vielmehr sollte sie vor allem auch verhindern, daß »die deutschen Soldaten einen Minderwertigkeitskomplex gegenüber den anderen« bekämen[58], also der befürchteten Diskriminierung innerhalb des eigenen Bündnisses vorbeugen.

Die Atomwaffen galten damals, da erst drei Staaten sie besaßen, als das Nonplusultra militärischer Sicherheit und Überlegenheit. Die Aufnahme in den Kreis der Nuklearmächte war mithin gleichbedeutend mit der Aufnahme in einen exklusiven Klub, die Nichtaufnahme bedeutete Statuseinbuße, »Diskriminierung«. Insofern war der einseitige Verzicht auf die Produktion von Atomwaffen auf dem Territorium der Bundesrepublik mit Blick auf das wichtige Ziel der Gleichberechtigung höchst problematisch.

Zwar war Adenauer bei den Londoner Verhandlungen im Oktober 1954, in denen es um die Bedingungen für die Souveränität der Bundesrepublik ging, sehr darum bemüht, daß auf der deutschen Verzichtserklärung auch »nicht der Schatten einer Diskriminierung« lag[59]. Zwar betonte er wie andere bundesdeutsche Politiker in der Folgezeit immer wieder, daß man auf die Produktion, nicht aber auf den Besitz atomarer Waffen verzichtet habe. An der Tatsache einer nuklearen Zweiklassengesellschaft vermochte das indessen nichts zu ändern. Im Atomzeitalter war die »Nuklearmacht« nun einmal das »entscheidende Merkmal der Souveränität«, und einem Mann wie Franz Josef Strauß mußte eine »mindere Rolle im Kreis der Verbündeten« als unvereinbar mit seinem Verständnis von »nationaler Würde« erscheinen.[60]

Aus dieser Sicht der Dinge konnte das, was nach dem Scheitern einer nuklearen Partnerschaft mit Frankreich oder auch einer multinationalen Atomstreitmacht im Rahmen der Atlantischen Allianz übrigblieb, nämlich die im Dezember 1966 installierte »Nukleare Planungsgruppe« der NATO, allenfalls eine »Geste des guten Willens« sein: »Da läßt man den kleinen Kasperl mit der Kindertrompete neben der Militärmusik herlaufen und ihn glauben, er sei der Tambourmajor.«[61]

Diese Sorge vor einer nicht vollständigen politisch-militärischen Gleichberechtigung hat die bundesdeutsche Politik bis in die achtziger Jahre hinein begleitet. So ging die Bundesregierung anläßlich der

Unterzeichnung des Vertrages über die Nichtverbreitung von Kernwaffen am 28. November 1969 in einer Erklärung sowie in einer Note an alle Staaten, mit denen sie diplomatische Beziehungen unterhielt, ausdrücklich davon aus, »daß der Vertrag der Bundesrepublik Deutschland gegenüber so ausgelegt und angewendet wird wie gegenüber den anderen Vertragsparteien«[62]. Das ließ für manchen aufmerksamen Beobachter, wie etwa für den Historiker und Politologen Waldemar Besson, gerade deutlich werden, daß sich die Bundesrepublik »gegen eine gemeinsame Diskriminierungsabsicht beider Großmächte im letzten wohl nicht wehren konnte«[63]. So blieb es auch für den Verteidigungsminister und Bundeskanzler Helmut Schmidt eine »wichtige Grundbedingung« für den erfolgreichen Abschluß der seit 1973 geführten Verhandlungen über gegenseitige und ausgewogene Truppenverminderung (MBFR), »daß die Bundeswehr keinen Sonderstatus erhielt, etwa dadurch, daß sie als einzige auf westlicher Seite Kontrollen und Beanstandungen unterliegen würde«[64].

Daß die Sorge vor einer Diskriminierung auf dem Gebiet der Sicherheit bundesdeutsche Politiker bis zu dem Augenblick, in dem sich der Status quo und damit die Rahmenbedingungen deutscher Außenpolitik unerwartet änderten, nicht losließ, zeigte sich zuletzt bei der Diskussion über die sogenannte doppelte »Null-Lösung«, also den vollständigen Abbau der atomaren Mittelstreckenraketen kürzerer und längerer Reichweite. Die Kritik entzündete sich an der am 26. August 1987 erklärten Bereitschaft der Bundesregierung, für den Fall des Inkrafttretens des amerikanisch-sowjetischen INF-Abkommens die deutschen Pershing-IA-Raketen abbauen zu wollen. Damit sollte auch deutscherseits der Weg für die Unterzeichnung des Abkommens frei gemacht werden.

Was heute, nach der Auflösung des Ostblocks und dem Fortfall einer unmittelbaren Bedrohung, selbstverständlich erscheint und zumindest in der Rückschau als richtige Entscheidung zu werten ist, war in der zweiten Hälfte der achtziger Jahre aus mehreren Gründen heftig umstritten. Einmal mußte die weitgehende Denuklearisierung Europas unterhalb der strategischen und oberhalb der taktischen Ebene die drückende Überlegenheit des Warschauer Paktes auf konventionellem Gebiet wieder zu einer potentiell größeren Gefahr werden lassen - noch wurde ja der Abbau dieser Überlegenheit im Rahmen der festgefahrenen MBFR-Verhandlungen ohne Erfolg gefordert; von den erfolgversprechenden Verhandlungen über Konventionelle Streitkräfte in Europa (VKSE), die im März 1989 an deren Stelle treten sollten, war man in der Sache noch weit entfernt. Dann aber war die bundesdeutsche Bereitschaft zum Abbau der eigenen Systeme - wieder einmal - durch erheblichen Druck der USA erfolgt, die an einer möglichst raschen Umsetzung der Ergebnisse des sowjetisch-amerikanischen Gipfels in Reykjavik vom Oktober 1986 interessiert waren.

Einer der entschiedensten Kritiker der Bonner Bereitschaft, die deutschen Atomwaffenträger zu beseitigen und damit gleichsam den zitierten Bundestagsbeschluß vom März 1958 zu revidieren, war Franz Josef Strauß. Nach seiner Interpretation bedeutete dieser Schritt »für die Bundeswehr das Absinken auf den Status einer Kolonialarmee«[65], eine gravierende Beeinträchtigung der militärischen wie politischen Gleichberechtigung der Bundesrepublik innerhalb des NATO-Bündnisses. Einmal mehr waren die Deutschen nach Einschätzung des amerikanischen Historikers Wolfram F. Hanrieder in einer für sie »praktisch und symbolisch äußerst wichtigen Frage zum Rückzug gezwungen« worden; einmal mehr war ihnen die Grenze ihres »diplomatischen Einflusses auf Sicherheitsfragen« von fundamentaler Bedeutung vor Augen geführt worden; einmal mehr hatte diese Entwicklung gezeigt, daß sich hinter den militärisch-strategischen Entscheidungen ein grundsätzliches politisches Problem verbarg.[66]

Die Sicherheit der Bundesrepublik war und blieb nämlich vom westlichen Bündnis und damit von seiner Vormacht, den Vereinigten Staaten, abhängig. Das war eines der folgenreichsten Ergebnisse der nach 1949 getroffenen Entscheidung zur vollständigen Westintegration der Bundesrepublik, die spätestens seit der Bundestagsrede Herbert Wehners vom 30. Juni 1960 von allen ihren maßgeblichen politischen Kräften mitgetragen wurde. Damit aber war die Frage der Wiedervereinigung, die ohnehin nicht von den Deutschen allein gelöst werden konnte, in einer weiteren Hinsicht der deutschen Kontrolle entglitten: Die Voraussetzung für die Wiedervereinigung war eine Entspannung im Ost-West-Konflikt, das war allen politischen Repräsentanten des Bonner Staates spätestens seit 1955 klar. Unter den Bedingungen des Kalten Krieges, also einer durch Blockbildung geprägten Welt, war Entspannung nur durch die Respektierung eines allgemeinen politischen und militärischen Gleichgewichts zwischen den Blöcken zu haben. Das schloß die Anerkennung des Status quo in Europa ein. Beide aber, Gleichgewicht und Status quo, basierten vor allem auf der Teilung des Kontinents, die ihren symbolischen Ausdruck in der Spaltung Deutschlands fand.

Damit war die deutsche Politik der Logik einer Entwicklung unterworfen, die sie selbst nicht steuern oder kontrollieren, sondern allenfalls korrigieren konnte. In gewisser Weise mußte sie die Entwicklung sogar unterstützen, obgleich sie insgesamt dem Erreichen des erklärtermaßen wichtigsten Ziels, der Wiedervereinigung Deutschlands, zuwiderlief. Unter solchen Rahmenbedingungen blieb ihr daher nur eine Möglichkeit, nämlich die Anerkennung des Status quo - in der Hoffnung, daß dieser Schritt zur Entspannung in Europa beitragen und diese wiederum die Voraussetzung für eine wie immer geartete und wann immer realisierbare Lösung der deutschen Frage bilden werde. Aber war das realistisch?

Heute läßt sich feststellen, daß die durch die Entspannungspolitik beförderte Zementierung des Status quo auf absehbare Zeit auch den Effekt hatte, die deutsche Agonie in außenpolitischen bzw. Machtfragen weiter zu festigen und der Auffassung vieler Bundesbürger Vorschub zu leisten, daß der Handlungsspielraum ihrer Republik auf der weltpolitischen Bühne tatsächlich außerordentlich begrenzt sei und man sich daher mit solchen Fragen nicht zu befassen brauche. Denn die Umsetzung der Erkenntnis, daß die Voraussetzung für die Änderung des Status quo seine Anerkennung sei, implizierte ja die jedenfalls zeitweilige Akzeptierung der deutschen Teilung selbst, die faktische Anerkennung der Existenz des zweiten deutschen Staates und damit der gegebenen Lage.

Das wiederum hieß, daß die Bundesrepublik der DDR eben das zugestehen mußte, worum sie selbst nach wie vor und wohl auch in Zukunft gegenüber ihren eigenen Verbündeten zu kämpfen hatte: die Gleichberechtigung. Das war eine zu ihrer Zeit notwendige, aber zugleich außerordentlich schwer zu treffende Entscheidung. Immerhin waren sich alle politischen Kräfte des Bonner Staates lange Zeit in dem Grundsatz einig gewesen, daß man die DDR schon deshalb nicht anerkennen könne, weil das SED-Regime jedweder demokratischen Legitimierung entbehrte und nicht Ausdruck des frei geäußerten Willens der DDR-Bevölkerung war. Noch 1963 hatte Willy Brandt, damals Regierender Bürgermeister von Berlin und Kanzlerkandidat der SPD, klargestellt, daß die DDR »weder deutsch noch demokratisch noch Republik« sei, sondern ein »erbärmlicher Satellitenstaat«[67]. Alleinvertretungsanspruch und Hallstein-Doktrin hatten das erklärte Ziel, die internationale Anerkennung des anderen deutschen Staates solange als möglich zu verzögern und ihm damit die Gleichberechtigung zu verweigern.

Die enorme Komplexität dieses Problems wurde erstmals in ganzem Ausmaß anläßlich des bundesdeutschen Beitritts zum Atomteststopp-Abkommen am 19. August 1963 deutlich. Denn zum einen dokumentierte dieser Beitritt ja durchaus die immer wieder geforderte Gleichberechtigung der Bundesrepublik im Rahmen der Völkergemeinschaft. Zum anderen aber war er unter erheblichem Druck der Vereinigten Staaten zustande gekommen, wurde die Bundesrepublik gleichsam zum »Opfer der amerikanischen Entspannungspolitik«, wie Heinrich Krone, Bundesminister für besondere Aufgaben und Vertrauter Konrad Adenauers, bitter vermerkte.[68] Dieses Urteil wiederum erklärt sich aus dem für das Bonner Selbstverständnis prekären Sachverhalt, daß auch die DDR das Abkommen unterzeichnete, im bundesdeutschen Beitritt also eine Art indirekter Anerkennung des Regimes und seiner Gleichberechtigung gesehen werden konnte. Das aber galt es unter allen Umständen zu vermeiden. Kein Wunder also, wie der Journalist Peter Bender, ein aufmerksamer Chronist deutscher Außenpolitik, vermerkte, »daß in Ostberlin Gleichberechtigung fast zur fixen Idee wurde«[69].

Damit war eben auch klar, daß die Anerkennung der DDR unterhalb der völkerrechtlichen Ebene und das Zugeständnis ihrer Gleichberechtigung zentrale Elemente jener Politik waren, die auf die faktische Anerkennung des territorialen Status quo in Europa angelegt war, damit den deutschen Beitrag zur Entspannung bilden und schließlich in eine europäische Friedensordnung münden sollte. Bereits in seinem Bericht »Zur Lage der Nation« vom 14. Januar 1970 schlug Bundeskanzler Brandt daher der DDR Verhandlungen »auf der Basis der Gleichberechtigung und Nichtdiskriminierung« vor[70], und sein Treffen mit Willi Stoph wurde ebendeshalb von der SED als »Teilerfolg« gewertet, weil nach Ansicht der Pankower Funktionäre zum erstenmal ein deutscher Bundeskanzler »gezwungen« worden war, »sich mit dem Vorsitzenden des Ministerrates der DDR auf gleichberechtigter Ebene zu treffen«[71]. Nicht zufällig wurde die Gleichberechtigung dann auch in Artikel 1 des deutsch-deutschen Vertrages vom 21. Dezember 1971 als Grundlage »normaler gutnachbarschaftlicher Beziehungen« zwischen den beiden deutschen Staaten festgeschrieben.[72]

Daß diese Politik in mancher Hinsicht problematisch und in ihrer Zeit heftig umstritten war, kann angesichts der spezifischen Entwicklung Deutschlands nach 1945 kaum überraschen. Sie war nach Ansicht ihres wichtigsten Repräsentanten, Willy Brandt, Ausdruck der Einsicht, »daß die Spaltung Deutschlands nicht Ursache, sondern Folge der Teilung Europas sei und daß mit einer isolierten Lösung unserer nationalen Frage nicht gerechnet werden konnte«[73].

Zumindest in ihrem letzten Teil deckte sich diese Lageanalyse mit der vieler deutscher Politiker seit 1955, auch derjenigen Konrad Adenauers. Der Genfer Gipfel jenes vielleicht wichtigsten Jahres der Nachkriegszeit hatte erstmals deutlich werden lassen, daß deutsche Frage und europäische Sicherheit aus der Sicht der beteiligten Mächte nicht voneinander zu trennen waren. Das schloß deutscherseits die sich mühsam einstellende Erkenntnis ein, daß unter den Bedingungen des Kalten Krieges, also einer gleichsam nicht entspannten Lage in Europa, eine Wiedervereinigung Deutschlands weder für die Sowjetunion noch für die Westmächte akzeptabel war.

Carlo Schmid etwa konnte sich im Rückblick auf die frühen fünfziger Jahre »eines Lächelns über die Naivität nicht erwehren, mit der man glaubte, den Großmächten könne in der Lage, in der sie sich damals befanden, besonders viel daran liegen, daß die Deutschen ihre staatliche Einheit wiedererhielten«[74]. Ebendeshalb, weil ein »Block von mehr als 75 Millionen Deutschen« die Machtverhältnisse in Europa »grundlegend ändern« mußte, plädierte Waldemar Besson 1970 in seiner Zwischenbilanz bundesdeutscher Außenpolitik dafür, daß die Bundesrepublik »auch im Bewußtsein ihrer Bürger als Definitivum« anerkannt werde.[75] Erstmals seit 1890, so die Begründung, würden die Deutschen damit nicht mehr »gegen den weltpolitischen Status quo« stehen, würden sie von ihren Nachbarn nicht mehr für die »Unruhestifter par excellence« gehalten.[76]

Sieht man auf den Bewußtseinszustand der Deutschen von heute, beobachtet man die enormen Schwierigkeiten des Vereinigungsprozesses, stellt man schließlich fest, daß diese nicht zuletzt mental-emotionaler Art und Folge von Entwicklungen sind, die über Jahrzehnte zur Ausbildung zweier eigenständiger Identitäten geführt haben, so wird man das vor allem auch damit erklären müssen, daß die Teilung für die meisten Deutschen längst zur Normalität, eben zu einem Definitivum geworden war, als sich deren Überwindung unerwartet ankündigte.

Daß sich nach dem Sturz des SED-Regimes die (Wieder-)Vereinigung überhaupt als eine selbstverständliche Lösung der deutschen Frage anbot, daß es also eine deutsche Frage in diesem Sinne überhaupt noch gab, hat vor allem einen Grund: Zu keinem Zeitpunkt nämlich hat die bundesdeutsche Politik die in der Präambel des Grundgesetzes festgeschriebene Forderung nach Vollendung der deutschen Einheit fallenlassen, ja fallenlassen können. Das gilt auch für die Zeit, in der das Gegenteil, die faktische Anerkennung der Teilung Deutschlands, vertraglich festgeschrieben und damit Grundlage deutscher Außenpolitik war.

Indem sie sich jedoch maßgeblich daran beteiligte, die Prinzipien der Unverletzlichkeit der Grenzen, und nicht den Grundsatz ihrer Unveränderbarkeit, sowie des Selbstbestimmungsrechts der Völker in der Schlußakte der »Konferenz über Sicherheit und Zusammenarbeit in Europa« (KSZE) festzuschreiben, hatte die Bundesregierung fortan ein Forum, um eben diese Prinzipien einzuklagen. So erklärte bereits Bundeskanzler Helmut Schmidt in seiner Ansprache zum Abschluß der Konferenz am 30. Juli 1975 in Helsinki: »Grenzen sind unverletzlich; sie müssen aber friedlich und einvernehmlich geändert werden können. Unser Ziel bleibt es, auf einen Zustand des Friedens in Europa hinzuwirken, in dem das deutsche Volk in freier Selbstbestimmung seine Einheit wiedererlangt.«[77] Diesen Standpunkt hat die deutsche Politik bis zuletzt konsequent beibehalten. Das wichtigste Forum für seine Präsentation blieben die KSZE-Treffen.[78]

Gewiß, kaum jemand, der in den siebziger und achtziger Jahren dieses Standardbekenntnis hörte oder aussprach, dürfte mehr von einer Realisierung der deutschen Einheit in absehbarer Zeit überzeugt gewesen sein. Die Mehrzahl teilte wohl die Ansicht von Franz Josef Strauß, der im April 1966 in einem Interview mit der Wochenzeitung *Die Zeit* bekannt hatte, er »glaube nicht an die Wiederherstellung eines deutschen Nationalstaates, auch nicht innerhalb der Grenzen der vier Besatzungszonen«[79]. Denn sosehr die Bundesdeutschen aus ihrer Sicht und aus welchen Gründen immer am Wiedervereinigungsgebot festhalten mußten, so wenig konnte man ja übersehen, daß die Teilung für den anderen deutschen Staat gerade konstitutiv und mithin nicht aufhebbar war, »ohne sich selbst in Frage und zur Disposition zu stellen«[80].

Daß dann ebendieser Fall eintrat, daß also alles doch ganz anders kam, hatte wenig mit der deutschen Politik, indessen viel mit dem rapiden Zerfall des sowjetischen Imperiums zu tun, der den Kollaps des SED-Regimes einschloß und vielfältige Ursachen hatte, zu denen nicht zuletzt auch die Umsetzung des zitierten »NATO-Doppelbeschlusses« gehört haben dürfte. Sicher aber ist auch, daß ohne die Aufrechterhaltung des Anspruchs, daß das deutsche Volk in freier Selbstbestimmung seine Einheit wiedererlangen müsse, deren Realisierung 1989/90 kaum Aussicht auf Erfolg gehabt hätte, ja vermutlich nicht einmal ernsthaft als Forderung vorgetragen worden wäre. Insofern war die deutsche Politik auch in dieser Situation das, was sie seit ihren Anfängen, insbesondere mit Blick auf die Lösung der deutschen Frage, sein mußte: in hohem Maße reaktiv. Die Vereinigung Deutschlands war nicht in erster Linie die Folge aktiver deutscher Außenpolitik, diese reagierte vielmehr auf den Umbruch in Europa mit einer Forderung, die einer anderen Zeit entstammte, der Zeit des Kalten Krieges.

So bestätigte selbst dieser ungeheure Vorgang der von den meisten für unwahrscheinlich, ja für unmöglich gehaltenen (Wieder-)Vereinigung Deutschlands die Auffassung der Bundesbürger, nicht Akteur, sondern allenfalls Objekt der großen Politik zu sein. In den Schubladen der Bonner Verwaltungen lagen dann ja tatsächlich auch nur »Anweisungen für den Verteidigungsfall; für den Vereinigungsfall war kein einziges Szenario vorgesehen«[81]. Denn der in den fünfziger Jahren gewiß lebendige Wunsch nach Wiedervereinigung war in den achtziger Jahren zu einem Pflichtbekenntnis verkommen, und längst suchten die Deutschen in ihrer Mehrzahl die »Chance der Geschichte in der Teilung«[82].

So kann es eigentlich nicht überraschen, daß sie dann 1990/91 mit dem Phänomen der alten Größe, die für sie eben eine neue war, nicht umzugehen vermochten und den Ansprüchen und Erwartungen, die von außen an sie gestellt wurden, hilflos und ängstlich gegenüberstanden. Denn das frühzeitige Sich-Einrichten in den beiden Staaten - eine logische Konsequenz aus der lange Zeit nicht artikulierten Erkenntnis, daß die Wiedervereinigung nicht zu haben war - ging ja mit einer Art kollektiver Verabschiedung von der auswärtigen Politik einher, mit einer späten Erfüllung der zitierten Aufforderung Wilhelm Liebknechts aus dem Jahre 1882, sich »statt mit dem Auslande« lieber mit den »inneren Angelegenheiten« zu befassen. »Klein, schwach und unwichtig sind die Deutschen geworden«, bilanzierte Egon Bahr 1988.[83] Der Widerspruch hielt sich in Grenzen. Mehr als vier Jahrzehnte nach dem Zweiten Weltkrieg zählten Machtpolitik und Nationalstaat nicht mehr zu den Kategorien des politischen Denkens in Deutschland.

IV. DIE ROLLE DER HISTORIKER

In der Rückschau dürfte es zu den interessantesten Erscheinungen in der Geschichte des westdeutschen Teilstaates gehören, daß die Historiker diese Entwicklung, den Abschied vom Denken in den Kategorien der internationalen Politik, gleichsam mitvollzogen. Das überrascht. Denn eigentlich hätten doch gerade sie um die Vergänglichkeit politischer Konstellationen und Konjunkturen wissen müssen. Fest steht, daß den internationalen Beziehungen nach einer kurzen Debatte über den »Primat der Außenpolitik«, die wohl nicht zufällig Anfang der sechziger Jahre verebbte, in der deutschen Geschichtswissenschaft zunehmend weniger Rechnung getragen wurde.

Das hatte mit einer Art politisch-wissenschaftlicher Kettenreaktion zu tun, die sich erst heute angemessen erfassen und analysieren läßt. Wichtig für deren Verständnis ist die nach 1945 jahrzehntelang in Mode gewesene Eigenart der deutschen Geistes- und Sozialwissenschaften, amerikanische Vorbilder, insbesondere auch theoretische Ansätze und Modelle, zu übernehmen und zu kopieren. Dafür gab es eine Reihe von Gründen, zu denen nicht zuletzt die Abhängigkeit der Bundesrepublik von ihrem wichtigsten Verbündeten zählte. Hinzu kam der Umstand, daß eine numerisch und vor allem intellektuell bedeutende Gruppe deutscher Geistes- und Sozialwissenschaftler während des »Dritten Reiches« in die Vereinigten Staaten emigriert war. Die nach 1945 gleichsam reimportierten Ideen, wissenschaftlichen Ansätze und Theorien waren naturgemäß durch den wissenschaftlichen, politischen und sozialen Erfahrungshorizont der zweiten Heimat mitgeprägt. Daß der insbesondere in den sechziger Jahren rasch anschwellende Strom deutscher Gastwissenschaftler in die Vereinigten Staaten diese Tendenz noch verstärkte, liegt auf der Hand.

Schließlich waren die deutschen Geistes- und Sozialwissenschaften, aber natürlich nicht nur sie, aufgrund ihrer verbreiteten Affinität zum Nationalsozialismus insgesamt gründlich diskreditiert. Gerade sie mußten sich mit der Wiederaufnahme oder Fortsetzung der eigenen Tradition in vielen Fällen schwertun. Es lag nahe, sich nach Alternativen umzusehen. Daß diese vor allem in den USA gesucht und häufig auch gefunden wurden, hatte mit den beiden bereits genannten Umständen, aber auch damit zu tun, daß die Vereinigten Staaten als Inbegriff der Modernität galten, für die Deutschland jetzt grundsätzlich bereit war. Zwar hatte das Land unter dem Nationalsozialismus die längst überfällige »Revolution der Modernität« vollzogen[84], doch gab es offenkundig nach wie vor einen erheblichen Nachholbedarf.

Im Bereich der Beschäftigung mit den internationalen Beziehungen und dem Staatensystem war die gedankliche Nähe der deutschen Historiker und Politikwissenschaftler zu ihren amerikanischen Kollegen von Anfang an erkennbar. Das lag aber in diesem Fall zunächst weniger an der Übernahme transatlantischer Vorbilder. Vielmehr hatte die wohl einflußreichste amerikanische Schule der fünfziger Jahre, die Realistische, ihrerseits manches mit klassischen europäischen Denktraditionen gemein. Indem sie die idealistisch-moralische Grundausrichtung der amerikanischen Außenpolitik einer kritischen Prüfung unterzog und Macht und nationales Interesse als die leitenden Prinzipien und Bewegungsgesetze der internationalen Beziehungen identifizierte, bezog sie sich zweifellos auf europäische Vorbilder.

Als Hans J. Morgenthau, deutscher Immigrant und wohl bedeutendster Repräsentant der Realistischen Schule, seinen Hörern erklärte, daß Diplomatie ohne Macht wirkungslos und das nationale Interesse die eigentliche Handlungsmaxime im Umgang der Staaten miteinander sei[85], klang das für amerikanische Ohren fremd, europäischen hingegen vertraut: Adenauer etwa hatte nie einen Zweifel daran, daß die Außenpolitik eines Landes »in erster Linie von seinen eigenen wirklichen oder vermeintlichen Interessen geleitet wird«[86].

Der Aufstieg der Realistischen Schule in der amerikanischen Politik- und Geschichtswissenschaft hing eng mit der Verschärfung der Spannungen in dieser

Phase des Kalten Krieges zusammen. Sie hatte ihre prominentesten Vertreter neben Morgenthau in George F. Kennan und Henry Kissinger. Beide waren nicht nur als Historiker tätig, sondern zeitweilig auch als Diplomaten und Politiker. Kissinger publizierte 1957 seine Dissertation über die Politik der europäischen Großmächte auf dem Wiener Kongreß 1814/15 und dann in rascher Folge einige Studien zur amerikanischen Außen-, Sicherheits- und Bündnispolitik. Kennan trat 1956 und 1958 mit einem zweibändigen Werk über die amerikanische Politik gegenüber Sowjetrußland hervor, nachdem er sich zuvor unter anderem in zwei Büchern mit der Geschichte und den Grundproblemen der amerikanischen Diplomatie befaßt hatte. Die Realisten, so registrierte mit Waldemar Besson ein deutscher Vertreter dieser Schule, wiesen darauf hin, daß Amerika »jetzt einfach nachhole, was andere als Chance und Gefahr der Großmachtstellung schon früher zu ertragen gehabt hatten«[87].

Die bundesdeutsche Politik-, aber auch Geschichtswissenschaft hatte mit diesem Zugriff auf die internationalen Beziehungen zunächst keine Schwierigkeiten, im Gegenteil. Einmal war die Ursache für die Konjunktur der Realistischen Schule, der Kalte Krieg, gerade in der Bundesrepublik unübersehbar. Dann aber hatte die auf das Staatensystem und die internationalen Beziehungen konzentrierte Betrachtungsweise gerade in Deutschland seit den Tagen Leopold von Rankes eine große Tradition. Die Lehre vom Primat der auswärtigen Politik war im Deutschland der fünfziger Jahre weder wissenschaftlich anrüchig noch politisch verdächtig. Ludwig Dehios »Gleichgewicht oder Hegemonie«, Hans Herzfelds »Die moderne Welt«, Gerhard Ritters »Staatskunst und Kriegshandwerk«, ja selbst Fritz Fischers »Griff nach der Weltmacht« standen in dieser Tradition[88], sosehr sie sich in der Interpretation zentraler Fragen wie der nach den Ursachen für den Ausbruch des Ersten Weltkrieges auch unterscheiden und voneinander abgrenzen mochten.[89]

Für den Bruch mit dieser Tradition in den sechziger Jahren sind drei Gründe auszumachen: erstens der Übergang vom Kalten Krieg zu weltpolitischer Entspannung[90], zweitens die dadurch mitbedingte verstärkte Hinwendung der amerikanischen Politikwissenschaft zur Systemtheorie in ihren verschiedenen Varianten und Versionen, die auch in der stark transatlantisch orientierten Bundesrepublik erhebliche direkte und indirekte Auswirkungen hatte, und drittens das im Bonner Staat weiter nachlassende Interesse an einer Beschäftigung mit der Weltpolitik.

In der Bundesrepublik nämlich waren viele der Auffassung, wie Waldemar Besson 1966 beunruhigt diagnostizierte, nur noch Objekt der Weltpolitik zu sein und deshalb nicht mehr eigenständig über weltpolitische Probleme nachdenken zu müssen.[91] So zutreffend diese Einstellung ursprünglich, bis 1949 oder auch 1955, gewesen sein mag, so wenig wurde sie dem faktisch wachsenden Gewicht der Bundesrepublik in den sechziger Jahren gerecht. Diese Abwendung von der auswärtigen Politik hatte mehrere, oben bereits beschriebene Ursachen. Zu verweisen ist hier vor allem noch einmal auf den äußeren Umstand, daß die Bundesrepublik hinsichtlich Berlins und Deutschlands als Ganzem unter alliierten Vorbehalten stand, zugleich in ihrer Sicherheit in erheblichem Maße von ihren Verbündeten abhängig und insofern nur bedingt handlungsfähig war. Die durch diese und andere Entwicklungen bedingte Handlungs- und Bewegungsunfähigkeit deutscher Außenpolitik in der Frage der Wiedervereinigung und damit auch der Gleichberechtigung hatte die Einschätzung der Bundesbürger befördert, daß ihr Staat eben lediglich eine im sicheren Windschatten des Ost-West-Konflikts prosperierende Wirtschaftsmacht sei.

Es ist hier nicht der Ort, die Entwicklung der Lehre von den internationalen Beziehungen in den Vereinigten Staaten nachzuzeichnen. Wichtig ist, daß die Reaktion auf die Realisten, daß etwa der von Stanley H. Hoffmann formulierte Aufruf zum »Aufbau relevanter Utopien«[92], zur Konstruktion von »Sinnzusammenhängen«, die den Anspruch erheben durften, »nachprüfbare Wahrscheinlichkeit zu besitzen«[93], auch in Deutschland vernommen und in die Tat umgesetzt wurde, und das nicht nur von Politikwissenschaftlern, sondern vor allem auch von Historikern. Beeinflußt nicht zuletzt von solchen »amerikanischen Vorbildern«, angeregt durch den »beschleunigten Aufstieg der systematischen Wissenschaften von der Gesellschaft – Soziologie und Politikwissenschaft« und begünstigt vom »reformfreundlichen, sozialkritischen Klima« in der Politik[94], begann sich Ende der sechziger Jahre in der Bundesrepublik eine »Gesellschaftsgeschichte« zu etablieren. Ihre Vertreter, die im übrigen durchweg einige Zeit als Lernende oder Lehrende an amerikanischen Universitäten verbracht hatten, begriffen »die Geschichtswissenschaft als eine kritische Gesellschaftswissenschaft«[95].

Daß letztere einen erheblichen Anteil an der skizzierten Verdrängung eines eigenständigen Nachdenkens über weltpolitische Probleme und der entsprechenden Forschung hatte, lag unter anderem an ihrem Anspruch. Denn die »Gesellschaftsgeschichte« war angetreten, ein »Modell zur Analyse *einer ganzen Gesellschaft* und ihrer kurzfristigen Veränderungen« zu entwickeln[96], also auch den Bereich der auswärtigen Beziehungen abdecken zu können. Das schloß den Anspruch ein, für die gegenwärtige »Lebenspraxis die Chancen rationaler Orientierung zu vermehren«[97], überdies die politische Geschichte zu ersetzen, ja selbst ohne deren Kategorien wie »Gleichgewicht«, »Hegemonie« oder »Nationalstaat« auszukommen.[98]

Zudem wurden einige für die Darstellung internationaler Beziehungen wichtige Kategorien, etwa solche, die auch in der Politischen Geographie benutzt werden, von der »Gesellschaftsgeschichte« ausdrücklich tabuisiert.[99] Das war insofern nachvollziehbar, als ihre Vertreter damit nachdrücklich auf die Pervertierung hinweisen wollten, welche die »Geopolitik« als propagandistisches Kampfinstrument in der Zeit des »Dritten Reiches« erfahren hatte. Doch an dem Tatbestand, daß Deutschland »nun einmal in der Mitte Europas« liegt, war und ist nichts zu ändern.[100] So hatte beispielsweise Walter Laqueur, in London und Washington tätiger Historiker und intimer Kenner der Geschichte Europas, nie einen Zweifel: »Die Bedeutung Deutschlands ruhte vor allem auf seiner geopolitischen Lage.«[101] Daß dessen Nachbarn und Verbündeten das ebenso sehen, heute mehr denn je, ist bekannt.[102]

Im übrigen hatte und hat kein anderes vergleichbares Land solche Probleme mit der schlichten Feststellung, daß »die Politik eines Staates ... in seiner Geographie« steckt, wie Charles de Gaulle es ausdrückte.[103] Wenn wohl auch nicht alle Historiker so weit gegangen wären wie der exzentrische französische Staatsmann, so wäre es doch kaum einem von ihnen, bis in die sechziger Jahre auch kaum einem deutschen Historiker in den Sinn gekommen, das enge Verhältnis von Politik und Geographie in Abrede zu stellen. Die englische und amerikanische Geschichtswissenschaft benutzt die Geopolitik ganz selbstverständlich als ein Erklärungsmuster internationaler Politik unter anderen[104], in Frankreich gibt es beispielsweise eine eigene Zeitschrift mit dem Titel *Géopolitique* sowie Professuren für dieses Fach, in China oder Rußland hat die politische Geographie eine ungebrochene Tradition.

Anders in Deutschland. Dabei hatte der Mißbrauch, der in der Zeit des »Dritten Reiches« mit der

Geopolitik getrieben worden war, ja nichts an der Tauglichkeit ihrer Kategorien für die Analyse internationaler Beziehungen ändern können.[105] Daß in Deutschland seit den ausgehenden sechziger Jahren dennoch solche Kategorien und Begriffe konsequent mit einem Verbot belegt wurden, die einst in der Geopolitik benutzt worden waren, mußte erhebliche Folgen für das Verständnis internationaler Politik haben und die Tendenz zur Unterschätzung des Stellenwerts der auswärtigen Beziehungen für die Bundesrepublik verstärken. In der Rückschau ist es eben kein Zufall, daß diese Tabuisierung mit dem Aufstieg der Politischen Wissenschaft sowie der Soziologie in Deutschland zusammenfiel[106] und daß die »Gesellschaftsgeschichte« innerhalb der Geschichtswissenschaft gleichsam beide Entwicklungen widerspiegelte, aufgriff und weitgehend durchsetzte.

Gewiß, auf ihrem ureigenen Betätigungsfeld, der Wirtschafts- und Sozialpolitik im weitesten Sinne, hat die »Strukturgeschichte«, wie sie sich auch nennt, beachtliche, auch außerhalb der engeren Zunft registrierte Erfolge vorzuweisen.[107] Die monumentalen Unternehmungen einer deutschen »Gesellschaftsgeschichte« sowie einer »Geschichte der Arbeiter und der Arbeiterbewegung in Deutschland«[108] zeigen überdies, in welchem Maße die Forschung hier den Bereich der Detail- und Spezialuntersuchung inzwischen hinter sich gelassen hat und an den abschließenden Synthesen arbeitet.

Ob die darüber hinausgehenden, ungewöhnlich

weitgesteckten Ansprüche eingelöst werden konnten, ist zweifelhaft. Die Formulierung einer eigenständigen Methodologie, die Entwicklung eines in der Forschung bewährten theoretischen Modells steht aus. Was »Gesellschaftsgeschichte« ist, bleibt in den Augen vieler Kritiker, wie etwa Lothar Galls, »eher verschwommen«[109]. Ob man einem ihrer jüngeren Vertreter in dem Befund folgen will, daß die sozialgeschichtliche Forschung an »einem Realismus-Fetischismus . . . zu ersticken« droht[110], sei dahingestellt. Nicht eingelöst ist jedenfalls der implizit erhobene Anspruch, auch den Bereich der Außenpolitik bzw. der internationalen Beziehungen abzudecken, damit der als untauglich und methodisch überholt eingestuften politischen Geschichte auf deren ureigenstem Forschungsfeld entgegenzutreten und der »zu einer Bewegungsphysik blutleerer Schemen« erstarrten Diplomatiegeschichte[111] eine Darstellung namentlich der deutschen Außenpolitik nach 1871 gegenüberzustellen, die den Ansprüchen der »Gesellschaftsgeschichte« genügt hätte. Vielleicht war die Zielsetzung von Anfang an zu anspruchsvoll. Keinem Vertreter einer modernen »Diplomatiegeschichte« käme der Gedanke, mit einer Darstellung der deutschen Außenpolitik, die selbstverständlich auch die wirtschaftlichen, sozialen und kulturellen Strömungen der Zeit einbezieht, zugleich eine deutsche Sozial- und Wirtschaftsgeschichte vorlegen zu wollen.

Fest steht, daß die Außenpolitik – aus welchen Gründen immer – selbst in Gesamtdarstellungen aus der Feder von Vertretern der »Gesellschafts-« oder »Strukturgeschichte« eine marginale Rolle spielt.[112] Und das gilt nicht nur für die »Gesellschaftsgeschichte« im engeren Sinne. In dem seit zwanzig Jahren erscheinenden, inzwischen fast vollständig vorliegenden »Historischen Lexikon zur politisch-sozialen Sprache in Deutschland« etwa, dem bedeutendsten zeitgenössischen Lexikon seiner Art, sind die internationalen Beziehungen praktisch ausgeblendet. Auf den über sechstausend Seiten der »Geschichtlichen Grundbegriffe«, so der Haupttitel des Werkes, haben Stichworte wie »Außenpolitik«, »Auswärtige Beziehungen«, »Diplomatie«, »Internationale Beziehungen«, »Staatensystem« oder auch »Nation« und »Nationalstaat« keinen Platz. Immerhin soll es sich bei den Stichworten des Lexikons um »Leitbegriffe der geschichtlichen Bewegung« handeln, »die, in der Folge der Zeiten, den Gegenstand der historischen Forschung ausmacht«[113]. Hier wird deutlich, daß die auswärtigen Beziehungen in der Bundesrepublik seit den sechziger Jahren kaum mehr Thema der historischen Forschung und, soweit die historische Diskussion die öffentliche widerspiegelt, der öffentlichen Auseinandersetzung waren.

Der endgültige Abschied von der eigenständigen Erforschung der auswärtigen Beziehungen wurde bezeichnenderweise mit einer Untersuchung eingeläutet, die ebendiese selbst zu ihrem eigentlichen Gegenstand erhoben hatte: In Hans-Ulrich Wehlers erstmals 1969 publiziertem Buch »Bismarck und der

Imperialismus«, das zugleich als eine Art Grundkodex der »Gesellschaftsgeschichte« zu lesen ist, wurde der »Sozialimperialismus« des ersten Reichskanzlers als Strategie herrschender Eliten bestimmt, »die Dynamik der Wirtschaft und der sozialen und politischen Emanzipationskämpfe in die äußere Expansion zu leiten, von den inneren Mängeln des sozialökonomischen und politischen Systems abzulenken und durch reale Erfolge seiner Expansion oder zumindest der Steigerung des nationalideologischen Prestiges zu kompensieren«[114]. Ursprünglich als Erklärungsmodell für den Imperialismus der Bismarck-Zeit entwickelt, mußte diese »relativ einfache Theorie«[115] schon bald als Erklärungsmuster für die Verhältnisse im Zeitalter des Imperialismus schlechthin herhalten. Gleichzeitig glaubte ihr Präzeptor die »Taktik der Defensive mit aggressiven Mitteln«[116], die in seinen Augen zunächst im deutschen Imperialismus erkennbar geworden war, als das Grundmuster deutscher Außenpolitik identifizieren zu können.

Im übrigen hatte der Bielefelder Historiker mit der Sozialimperialismustheorie eine Anregung aufgegriffen, die aus der deutschen Politikwissenschaft gekommen war: 1963 hatten, offenbar unabhängig voneinander, Ernst-Otto Czempiel[117] und Karl Dietrich Bracher[118] darauf aufmerksam gemacht, daß dem Phänomen des Sozialimperialismus grundsätzliche Bedeutung bei dem Versuch zukomme, die Antriebskräfte der auswärtigen Politik zu bestimmen. Sie verwiesen in diesem Zusammenhang ausdrücklich auf die Bismarck-Zeit. Doch gingen die beiden Politologen nicht so weit, anzunehmen, daß Außenpolitik primär oder gar ausschließlich das Ergebnis oder eine Funktion innerer Antriebskräfte sei. Ebendiesen Schritt tat dann der Historiker, der in seiner Darstellung des Deutschen Kaiserreichs die »labile Mechanik der Außenpolitik, die blutleere Bewegungsphysik von Aktion und Reaktion, die diplomatische Prozedur der Konfliktbereinigung oder -verschärfung« bewußt nicht verfolgte, sondern den Blick »auf die primären, die ›bleibenden‹ Verhältnisse, auf den ›Primat der Innenpolitik‹« richtete.[119] Zwar stellte er später klar, daß er keinen Ausschließlichkeitsanspruch habe erheben wollen, daß es ihm vielmehr um die Verteidigung der »relativen Vorzüge von Konzepten wie ›Primat der Innenpolitik‹ und ›Sozialimperialismus‹ « zu tun gewesen sei.[120] Indessen fragte sich mancher Beobachter dieser Entwicklung mit dem Journalisten Hermann Rudolph, »ob die vor allem an der Geschichte der Staaten und ihrer Beziehungen interessierte Geschichtsschreibung noch eine entscheidende Rolle spielen könne«[121].

Zieht man heute Bilanz, so wird man feststellen dürfen, daß keine zweite Initiative aus der deutschen Geschichtswissenschaft eine ähnliche Breiten- und Langzeitwirkung in der fachhistorischen wie der öffentlichen Diskussion nach 1945, ja seit 1918 erzielen konnte wie die »Gesellschaftsgeschichte«. Ihr kam dabei zugute, daß sie mit ihrem Anspruch, »kritisch« und »modern« zu sein, den bundesdeutschen Geist seit den ausgehenden sechziger Jahren traf und zugleich widerspiegelte. Es war jene Zeit, in der auch die Politik mit dem Programm einer grundlegenden Reform im Innern, also in den Bereichen der Wirtschafts-, Sozial-, Rechts- und Bildungspolitik, antrat. Da die »Gesellschaftsgeschichte« zudem nie ein theoretisches Modell, eine eigene, verbindliche Methodologie entwickelte, grenzte sie ihrerseits auch niemanden aus, der bereit war, die »Forderung nach einem theoretischen und empirischen ›Paradigmawechsel‹ «[122] zu übernehmen, sich also auf die Erforschung der inneren, der gesellschaftlichen Verhältnisse der Staaten zu verlegen.

Die Folgen sind heute deutlich zu erkennen. Die Forderung nach einem »Paradigmawechsel« ist in der Tat »zum großen Teil eingelöst«[123], und das heißt auch: Die Mehrzahl der bundesdeutschen Neuzeithistoriker hat sich seit den ausgehenden sechziger Jahren auf die Erforschung der inneren Verhältnisse namentlich Deutschlands seit 1871 verlegt und sich dabei vor allem dem »wechselseitige[n] Verhältnis der gesellschaftlichen Klassen und Schichten in ihrer ökonomischen, sozialen, sozialpsychologischen und politischen Dimension« gewidmet.[124] In gewisser Weise holten die westdeutschen Historiker damit übrigens einen Schritt nach, den ihre ostdeutschen Kollegen aufgrund der staatlich verordneten ideologischen Vorgaben schon in den späten vierziger Jahren hatten tun müssen. Seit den siebziger Jahren waren dann für die meisten Neuzeithistoriker in beiden deutschen Staaten »Außenpolitik«, »internationale Beziehungen« und »Weltpolitik« schon deshalb kaum mehr Themen eigenständigen Forschens, weil sie primär oder doch in erheblichem Maße als Funktion und Ausdruck der inneren Entwicklung begriffen wurden. Das galt insbesondere auch für die Erforschung der Zeit nach 1945, jedenfalls bis zu den Umbrüchen der Jahre 1989/90.

Dabei waren doch die deutschen Historiker aufgrund der spezifischen Situation ihres Landes für eine nüchterne Aufarbeitung welthistorischer Probleme geradezu prädestiniert: Eben weil die Kontinuität der eigenen Großmachtpolitik mit dem Jahre 1945 abgebrochen war und damit ein »noch so subtiles patriotisches Engagement« in diesem Sinne entfiel, hätten gerade sie eine unbefangene, distanzierte Auseinandersetzung mit den »allgemeinen Aspekten der Groß- und Weltmachtpolitik unter den Bedingungen des 19. und 20. Jahrhunderts« leisten können, ja leisten müssen, wie Andreas Hillgruber schon Anfang der siebziger Jahre gefordert hatte.[125]

Indem sie das nicht taten, indem sich vielmehr die meisten deutschen Historiker seit den sechziger Jahren endgültig von der politischen Geschichte als eigenständiger Disziplin und von der Weltpolitik als Forschungsgegenstand verabschiedeten, waren auch sie ganz und gar Kinder ihrer Zeit: Auch die Historiker wurden gleichsam Opfer der verstellten Sicht, auch sie trugen mit der Wahl ihrer Forschungsgegenstände dem Umstand Rechnung, daß die Außenpolitik der Bundesrepublik aufgrund der äußeren Rahmenbedingungen und Abhängigkeiten sowie ihrer Prioritäten, Wiedervereinigung und Gleichberechtigung, in hohem Maße reaktiv war und als solche die Teilnahme der Öffentlichkeit zunehmend verlor. Es gab nur eine Ausnahme, und zwar in den frühen siebziger Jahren: Die Ost- und Deutschlandpolitik der sozialliberalen Koalition schien einen Weg aus den eingefahrenen Bahnen deutscher Außenpolitik zu weisen, stand für aktive Gestaltung auswärtiger Beziehungen. Dabei bildete sie, indem sie den Status quo in Deutschland und Europa anerkannte, im Kern eine längst überfällige Reaktion auf die bestimmenden Rahmenbedingungen deutscher Außenpolitik. Die deutschen Historiker flankierten das Unternehmen mit einer Erklärung, die in dieser Form ohne Beispiel war und ist. In ihr wurden die Mitglieder des Deutschen Bundestages aufgefordert, »den Ostverträgen ihre Zustimmung zu geben«[126].

Aber das war die Ausnahme, die die Regel bestätigte, und die bestand in einem weitgehenden Rückzug von den auswärtigen Beziehungen, auch und gerade als Gegenstand historischer Forschung. Das gilt in besonderem Maße auch für die Außenpolitik der Bundesrepublik. Der Hinweis auf das »mangelnde Verständnis« für diese und die Feststellung, daß es wichtig sei, die »Fähigkeit zur verantwortlichen Machtpolitik« auszubauen[127], wurden Ende der achtziger Jahre als anachronistisch abgetan und trafen weitgehend auf Unverständnis.

Das war die Folge jener geschilderten Entwicklung, in deren Verlauf sich die deutschen Historiker dem Gegenstand zusehends entfremdet hatten. Das »geradezu dröhnende Schweigen« der deutschen Intellektuellen gegenüber dem Umbruch in Europa 1989/90, das Rüdiger Bubner beklagte[128], war in ihrem Fall besonders peinlich. Vor allem hatten sie die Erforschung der internationalen Beziehungen nach 1945 weitgehend der Politischen Wissenschaft überlassen.[129] Sieht man von den Arbeiten einiger Vertreter dieses Faches ab, die sich einer genuin historischen Betrachtungsweise verpflichtet fühlten[130], wurden mithin fortan auch die Entwicklung des Staatensystems und die Außenpolitik der Bundesrepublik zunehmend mit den Methoden der Politischen Wissenschaft analysiert. Das aber hieß, daß wie schon auf anderen Gebieten, etwa der Wirtschaftsgeschichte[131], auch bei der Erforschung der auswärtigen Beziehungen vermehrt aus den Vereinigten Staaten importierte Methoden und Modelle zur Anwendung kamen, allen voran die Systemtheorien in ihren zahllosen Ausprägungen.

Was das für die Erforschung der internationalen Beziehungen bedeutet, hat noch 1991 Ernst-Otto Czempiel mit der These dokumentiert, daß »Macht«, »Gleichgewicht« und »Sicherheit« schon deshalb keine tauglichen Kategorien für die Analyse internationaler Beziehungen seien, weil diese Begriffe der Staatenwelt des achtzehnten Jahrhunderts entstammten und sich Außenpolitik nicht mehr auf die ihnen zugrunde liegenden Phänomene konzentriere, ja sich selbst während des Ost-West-Konflikts nicht an diesen orientiert habe.[132] Das mag für die auswärtigen Beziehungen eines nicht vollständig souveränen, in mehrfacher Hinsicht von anderen Mächten abhängigen Staates wie der Bundesrepublik der Nachkriegszeit mit allerdings erheblichen Einschränkungen zutreffen. Ob sich hingegen die Außenpolitik von Ländern wie Frankreich, China, Vietnam oder Israel und das Selbstverständnis ihrer jeweiligen Akteure unter Absehung von diesen Kategorien oder auch von den geographischen Rahmenbedingungen internationaler Beziehungen angemessen erfassen, ob sich diese also wirklich auf abstrakte Symmetrien und Systeme reduzieren lassen, muß bezweifelt werden.

Man wird über die innere Plausibilität solcher Ansätze und auch darüber streiten können, ob es denn – in unserem Fall – für die Analyse und das angemessene Verständnis der auswärtigen Beziehungen der Bundesrepublik nach 1945 und ihrer neuen Rolle und Verantwortung seit 1990 überhaupt der Theorie bedarf. Keinen Zweifel kann es hingegen daran geben, daß den meisten Zeitgenossen Begriffe wie »Sicherheit« und »Gleichgewicht« durchaus geläufig sind, auch wenn sie je nach politischem oder auch nationalem Standort mit unterschiedlicher Nuancierung gebraucht werden.

Das hat vor allem damit zu tun, daß das Ende des Kalten Krieges das Gleichgewicht der Kräfte nicht zu festigen und damit die Sicherheit gerade nicht zu erhöhen, sondern vielmehr nachhaltig zu gefährden scheint. Man denke nur an die Auflösung des Ostblocks und die politische Atomisierung in diesem Raum, an den Krieg im ehemaligen Jugoslawien oder an den Auflösungsprozeß in der vormaligen Sowjetunion und seine Folgen, etwa das Problem der Proliferation von Atomwaffen. Und schließlich hat auch die Vereinigung Deutschlands, die ja alles andere als voraussehbar oder erwartet war, maßgeblich dazu beigetragen, daß etwa in Frankreich geradezu eine Renaissance des Denkens in den Kategorien des europäischen Mächtegleichgewichts zu verzeichnen ist.[133]

Die deutschen Historiker werden sich dieser Entwicklung zu stellen haben. Sie stehen damit heute vor einer großen Herausforderung und Chance zugleich. In der Tat kann es ja kaum einen Zweifel geben, daß sich vielen Nachbarn seit 1990 erneut eine Frage aufdrängt, die zuletzt in der Zeit des Deutschen Reiches gestellt und jüngst von einem Vertreter der »Gesellschaftsgeschichte«, Jürgen Kocka, so formuliert worden ist: »Wie werden die Deutschen mit ihrer ... neuen Großmachtrolle zurechtkommen, wie Europa mit diesem deutschen Koloß?«[134] Die Frage ist legitim, und sie ist verständlich. Darauf angemessene und überzeugende Antworten zu geben ist Sache der Deutschen. Hier liegt die Herausforderung – nicht nur für die deutsche Politik, sondern auch für die deutsche Geschichtswissenschaft: Wer wäre berufener, die Frage nach dem Stellenwert des neuen Deutschland in der Welt kompetent zu beantworten, als die Historiker? Wer wüßte, über die persönlich-biographische Erinnerung hinausweisend, besser um die Kontinuitäten und Brüche in der deutschen Geschichte seit dem ausgehenden neunzehnten Jahrhundert als die, zu deren professionellen Aufgaben ihre Erforschung zählt?

Hier liegt die Chance der deutschen Historiker: Nachdem sich ihre Zunft seit den sechziger Jahren derart tief gespalten hat, daß der Dialog in der zweiten Hälfte der achtziger Jahre nicht mehr möglich schien, erfordern die dramatischen Entwicklungen in der Welt, in Europa und nicht zuletzt in Deutschland selbst jetzt die gemeinsame Anstrengung aller. Sollte es den deutschen Historikern im Angesicht der gewaltigen Herausforderungen nicht gelingen, überzeugende Antworten auf die gestellten Fragen zu geben, dürfte ihr Fach mit gutem Grund ein weiteres Stück seiner einst beachtlichen Reputation einbüßen. Gefordert ist nicht die Beendigung oder als unglaubwürdig erscheinende Harmonisierung für das Fach lebenswichtiger Kontroversen in der Sache. Gefordert ist erstens eine dieser Sache angemessene Form des Umgangs und zweitens eine verstärkte Konzentration auf die heute drängenden, wesentlichen Fragen, und das sind vornehmlich die nach der neuen Rolle Deutschlands in Europa und der Welt.

Die Historiker sind daher vor allem aufgerufen, sich wieder verstärkt der Geschichte der auswärtigen Politik Deutschlands und der internationalen Beziehungen in diesem Jahrhundert zuzuwenden. Darin liegt eine wesentliche Voraussetzung für die angemessene Darstellung und Analyse der augenblicklich rapiden Wandlungen unterworfenen internationalen Situation. Vor der Lösung dieser Aufgabe sollten gerade die Historiker nicht nur nicht zurückschrecken, sondern sich aktiv daran beteiligen. Adenauer hatte ja recht, als er seinem Memoirenwerk die Auffassung voranstellte, »die Historiker, namentlich ein Professor der neueren Geschichte, müßten wenigstens den Versuch machen, auf dem Wege von Analogieschlüssen aus dem Geschehen unserer Zeit, sogar unserer Tage, zu erkennen, wohin der Lauf der Entwicklung wahrscheinlich gehen werde, und sie müßten in ihrer Lehre hinweisen auf zu erwartende Entwicklungen und eventuell warnen«[135].

Gewiß, aus der Sicht des Fachhistorikers sind zwei Einwände gegen eine solche Sicht der Disziplin denkbar, und zwar die mangelnde Distanz zu den untersuchten Gegenständen und die Quellenlage. Das Problem mangelnder Distanz hat natürlich jeder Beobachter, insbesondere auch der politische Akteur selbst. Der Historiker hat indessen den Vorteil, die politischen Ereignisse und Entwicklungen mit anderen, ähnlich gearteten historischen Vorgängen vergleichen zu können. Sicher wiederholt sich Geschichte nie, aber der historische Rückblick zeigt doch auch, in welch erstaunlichem Maße sich historische Akteure unter vergleichbaren Umständen ähnlich verhalten haben.

Kaum einen treffenden Einwand gegen eine professionelle Beschäftigung mit aktuellen Ereignissen durch die Historiker bildet die Quellenlage. Wohl hatte Max Weber recht, als er 1906 grundsätzlich festhielt: »Die Leistungen unserer deutschen Diplomatie zu beurteilen ist nur berechtigt, wer die Akten kennt.«[136] Das hatte freilich bereits ihn selbst nicht davon abgehalten, die Außenpolitik des Kaiserreiches einer heftigen Kritik zu unterziehen. Vor allem aber ist die Quellenlage für die Zeit nach 1945 eine wesentlich bessere als in jenen Tagen der Geheimdiplomatie. Für die Erforschung der Bundesrepublik jedenfalls ist nicht ein Mangel, sondern eher ein Übermaß von ungedruckten wie gedruckten Quellen charakteristisch.[137]

Das gilt gerade auch für die auswärtigen Beziehungen und hat sehr viel mit der politischen Kultur zu tun, wie sie sich nach 1945 im Westen Deutschlands entwickelte. Nach der zutreffenden Diagnose der Politikwissenschaftlerin Helga Haftendorn leben wir ja in einer Art »öffentlicher Demokratie«, in der sich Politik, auch Außenpolitik, vor den Objektiven der Fernsehkameras, in öffentlicher Diskussion und unter dem »Zwang zur politischen Rechtfertigung vor vielerlei Gremien und nicht zuletzt vor dem Wähler vollzieht, der überzeugt und dessen Zustimmung gewonnen werden muß«[138]. Das gilt übrigens in relativ starkem Maße auch für den Bereich der Sicherheit und der militärisch-strategischen Planungen. Willy Brandt zum Beispiel hat aufgrund seiner Erfahrungen als Außenminister und Bundeskanzler in den Jahren

1966 bis 1974 darauf hingewiesen, daß derjenige, der sich für die Ergebnisse der NATO-Konferenzen interessierte, »nur die Presseberichte der einzelnen Teilnehmerstaaten nebeneinanderzulegen« brauchte, »um ein zwar nicht ganz zutreffendes Bild, aber doch einen umfassenden Überblick über die jeweilige NATO-Tagung zu erlangen; für die Geheimdienste blieb insgesamt nicht viel Arbeit übrig«[139]. Ähnlich hatte schon Felix von Eckardt, als Pressesprecher mit diesem Problem intim vertraut, bedauert, daß selbst die Geheimhaltungsvorschriften kaum mehr eine Garantie dafür gaben, daß die Behandlung delikater Probleme »auch nur für eine kürzere Frist« vertraulich blieb, und dem die Erkenntnis hinzugefügt, daß es unter solchen Bedingungen immer schwieriger werde, den auf internationalen Verhandlungen lastenden Erfolgsdruck und »Prestige-Ballast« abzuschütteln und überhaupt zu Resultaten zu gelangen.[140]

Mindestens ebenso wichtig für die historische Betrachtung der auswärtigen Politik Deutschlands wie die Frage nach der Zugänglichkeit, der Art und der Tauglichkeit der Quellen ist indessen das angemessene Erfassen des tatsächlichen Gewichts der Bundesrepublik im Rahmen der internationalen Politik. Denn dieses war und ist erheblich, heute mehr denn je. Kurt Schumacher, wahrlich kein Anhänger deutscher Großmachtssucht, hat im Januar 1947, also noch vor der definitiven Teilung Deutschlands, aber eben auch noch vor seinem wirtschaftlichen Wiederaufstieg, diesen unabweisbaren Sachverhalt sehr treffend so charakterisiert: »Wir in Deutschland sind über die Wichtigkeit unseres Landes nicht gerade glücklich. Uns ginge es besser, wenn wir weniger wichtig wären. Aber die zahlenmäßige Größe, die sachliche Leistungsfähigkeit des deutschen Volkes und seine zentrale Lage im Herzen Europas bringen uns eben in diese Situation.«[141]

Daß dieser Sachverhalt in Vergessenheit geraten, daß selbst das seit dem 3. Oktober 1990 (wieder-) vereinte Deutschland von seinen Bewohnern in seinem tatsächlichen Gewicht als Faktor der Weltpolitik unterschätzt werden konnte, hatte erheblich mit dem beschriebenen deutschen Rückzug von der auswärtigen Politik zu tun, der für die Haltung der bundesdeutschen Öffentlichkeit seit den sechziger Jahren charakteristisch war. Diesen Fehler sollten wir nicht wiederholen.

In den vergangenen Dekaden war der Rückzug von der harten Realität der Weltpolitik in die Idylle intellektueller Fundamentalkritik risikolos und unproblematisch zugleich: Angesichts der geschilderten spezifischen Situation Deutschlands wäre es niemandem in den Sinn gekommen, die deutschen Intellektuellen, insbesondere die Historiker beim Wort und in die politische Verantwortung zu nehmen. Gebraucht wurden sie allenfalls für die Aufarbeitung der jüngsten Vergangenheit, vor allem der Geschichte des »Dritten Reiches«. Ob sie dieser Verantwortung gerecht geworden sind, wird sich erst noch zeigen müssen. Der sogenannte Historikerstreit ließ Zweifel aufkommen.

Heute liegt die Verantwortung der deutschen Intellektuellen und zumal der deutschen Historiker in der realistischen Bestandsaufnahme der neuen Lage, und das in dreifacher Hinsicht: Einmal ist der Status des vereinten Deutschland als europäische Großmacht nüchtern zu registrieren, zu definieren und vor allem zu benennen. Das wiederum ist nur unter der Voraussetzung möglich, daß die internationalen Beziehungen wieder zu einem herausragenden Gegenstand historischer Forschung und Darstellung werden. Damit muß schließlich ein emotionsloser, der Sache angemessener Umgang mit dem Machtbegriff verbunden sein. Die Deutschen haben es verlernt, ja verlernen müssen, in den Kategorien der Macht zu denken. Das vor allem wird und muß sich unter dem Druck der neuen Lage dramatisch ändern.

V. DIE PERSPEKTIVEN SEIT 1990

Eine Politik zu treiben, die dem tatsächlichen Gewicht des (wieder-)vereinigten Deutschland gerecht wird, ohne dabei in die alten Fehler isoliert betriebener Groß- oder Weltmachtpolitik zurückzufallen, gehört zu den großen Herausforderungen für die Deutschen in der Gegenwart wie in der Zukunft. Verstärkte Bemühungen um Absprache und Zusammenarbeit und das Vermeiden von Alleingängen insbesondere in der sensiblen Zone der Osteuropapolitik sind daher das Gebot der Stunde. Die Auflösung der alten militärischen, politischen und wirtschaftlichen Strukturen Ost-, Südost- und Ostmitteleuropas sowie insbesondere der dramatische Verfall des sowjetischen Imperiums haben zu einer erheblichen Zunahme des Gewichts der größeren Bundesrepublik bei gleichzeitiger relativer Schwächung der Großmachtposition namentlich Frankreichs geführt. Das haben die heftigen Debatten über die Zukunft Europas im Vorfeld des französischen Referendums über die Verträge von Maastricht sehr deutlich werden lassen.

Es ist kein Zufall, daß anläßlich des Kaukasusbesuchs von Bundeskanzler Kohl im Juli 1990 und der sowjetischen Zustimmung zur deutschen (Wieder-)Vereinigung in der europäischen Presse erneut das Gespenst von »Rapallo« beschworen und vor deutsch-russischen Alleingängen auf Kosten Dritter gewarnt wurde. Mit dem Zerfall der Sowjetunion bekam diese Entwicklung eine neue Dimension. Von der Oder bis zum Ural, so war Ende Dezember 1991 in der Londoner *Times* zu lesen, eröffne sich eines der größten Vakuen dieses Jahrhunderts: »Deutschland wird aufgrund seiner geographischen Lage und seiner wirtschaftlichen Stärke in die früher von der Sowjetunion eingenommene Führungsrolle in Osteuropa gedrängt.«[142]

In solchen Prognosen gehen Befürchtungen und Erwartungen Hand in Hand. Man sollte deutscherseits gerade letztere nicht unterschätzen. Um einem Chaos und politisch verhängnisvollen Entwicklungen vorzubeugen, die seit dem Moskauer Putsch vom August 1991 nicht grundsätzlich auszuschließen sind, bedarf es erheblicher Anstrengungen, zu denen vor allem auch die wirtschaftliche Unterstützung der Staaten Osteuropas und namentlich der Nachfolgestaaten der Sowjetunion gehört. Das ist eine gewaltige Aufgabe, die ohnehin nur international zu organisieren und zu bewältigen ist.

Diese Hilfs- und Aufbaumaßnahmen weitgehend in Kooperation mit den westlichen Partnern zu betreiben ist gerade deshalb wichtig, weil sich der Blick vieler Staaten Ost-, Südost- und Ostmitteleuropas in erster Linie auf die Bundesrepublik richtet. Die Erwartungen, welche diese krisengeschüttelten Länder in die neue, gerade von außen stabil wirkende neue Großmacht im Herzen Europas setzen, sind enorm. Daß man dabei bereit und entschlossen ist, die Zukunft nicht mehr, jedenfalls nicht in erster Linie im Spiegel der Vergangenheit, des Zeitalters der Weltkriege und hier vor allem des rassenideologischen Vernichtungsfeldzugs des »Dritten Reiches« zu betrachten, ist bemerkenswert. Aber der Zerfall der Sowjetunion und die Auflösung des verbindenen Mythos vom »Großen Vaterländischen Krieg« gingen ja Hand in Hand. Damit scheinen sich für die Menschen Ost- und Ostmitteleuropas, namentlich für die Nachkriegsgenerationen, die nicht mehr unmittelbar erlebten Schrecknisse des deutschen Vernichtungskrieges gegenüber der durchlebten, verhaßten Diktatur des Kommunismus und Stalinismus zu relativieren, in die man hineingeboren wurde und die man bis zum Ende der achtziger Jahre zu ertragen hatte.

Diese neue Situation verlangt von den Deutschen eine besondere Sensibilität, und das in mehrfacher Hinsicht: Einmal wird der neue Umgang vieler östlicher Nachbarn mit der gemeinsamen Vergangenheit deutscherseits nicht zu deren Verdrängung oder Verdrehung führen dürfen. Dann wird man die Staaten von Polen bis Kirgistan vor einer mitunter grotesken Überschätzung der deutschen Möglichkeiten warnen und sie auf die Grenzen hinweisen müssen, welche der deutschen politischen, wirtschaftlichen oder auch kulturellen Hilfsbereitschaft gesetzt sind. Und schließlich sind die erwähnten, historisch gewachsenen Befürchtungen der westlichen Nachbarn vor deutschen Alleingängen in Rechnung zu stellen.

Wie im Falle des Versuchs, denjenigen Reformdemokratien Ost- und Südosteuropas, die das wollen, den Weg zu den europäischen Gemeinschaften zu ebnen, handelt es sich auch bei den wirtschaftlichen Hilfsprogrammen und ihrer Koordination mit japanischen und amerikanischen Maßnahmen, auf denen zu bestehen ist, um eine gesamteuropäische Aufgabe. Als Beitrag zum international zu organisierenden Krisenmanagement wird die deutsche Ostpolitik in Zukunft ebenso unverzichtbar sein wie in den siebziger Jahren, als sie eine zentrale Funktion als regionaler Ausdruck globaler Entspannungspolitik besaß. Gerade in dieser Hinsicht kann die deutsche Außenpolitik also an eine bewährte und heute weitgehend akzeptierte Tradition anknüpfen. Wie schon die Verträge der Jahre 1970 bis 1973 basieren auch die nach der Vereinigung mit der Sowjetunion, Polen, der Tschechoslowakei, Bulgarien, Ungarn und Rumänien geschlossenen Abkommen auf der Anerkennung des Status quo und tragen so auf ihre Weise zur Stabilisierung der politischen Verhältnisse in diesen unruhigen Zeiten bei.

Das gilt erst recht für jene Institutionen, Bündnisse und Konferenzen, die zum Teil seit mehr als vierzig Jahren bestehen und sich durchweg bewährt haben. In Zeiten rapiden Umbruchs und Zerfalls überlebter Strukturen in Osteuropa sollte man sorgsam auf die

Pflege und den zeitgemäßen Ausbau von Bewährtem bedacht sein.[143] Für die Bundesrepublik Deutschland, gelegen an der Nahtstelle zwischen den Zonen der Stabilität und des Zerfalls, bedeutet das zunächst und vor allem eine Fortsetzung und Intensivierung der Mitarbeit in der Europäischen Gemeinschaft, der NATO, der KSZE und natürlich auch der UNO. Diese vielfältige Kooperation hat einen doppelten Vorzug. Einmal bietet sie der Bundesrepublik Entfaltungsmöglichkeiten wirtschaftlicher und politischer Art sowie nicht zuletzt Sicherheit. Dann aber binden alle diese Institutionen die deutsche Politik gleichsam ein, und das wiederum ist für die Nachbarn und Verbündeten Deutschlands von nicht zu unterschätzender Bedeutung. Wie schon einmal in den frühen fünfziger Jahren, als der westdeutsche Teilstaat wieder erkennbar wirtschaftliches, dann auch, ausgelöst durch den Korea-Krieg, militärisches Gewicht zu gewinnen begann, gilt heute: Je stärker die Bundesrepublik europäisch, atlantisch und global integriert ist, um so weniger wird sie zu »Sonderwegen« neigen, um so besser ist sie in diesem Sinne kontrollierbar.

So wichtig das Wissen um diesen Sachverhalt ist, so wenig darf der Hinweis auf die Gefahr eines »Sonderweges« deutscherseits als komfortables Argument mißbraucht werden, um sich der Verantwortung zu entziehen. Indem die Bundesrepublik in supranationale Organisationen eingebunden wird, ist sie zugleich in die Pflicht genommen, sich an kollektiven Maßnahmen und Aktionen zu beteiligen. Auch das war in mancher Hinsicht schon in den fünfziger Jahren so. Die Integration der Bundesrepublik in die WEU und die NATO bedeutete vor allem aus französischer Sicht einen Beitrag zu ihrer Kontrolle, aber eben auch, namentlich für die USA, eine Beteiligung des neuen Partners an den mit der Verteidigung verbundenen Lasten. Anders als in den vorausgegangenen Jahrzehnten wird sich die Bundesrepublik aber nicht mehr mit einer angemessenen Übernahme finanzieller Lasten begnügen können: »Scheckbuchdiplomatie« gehört seit dem Golfkrieg zu den verpönten deutschen Eigenschaften.

Das gilt heute auch für die UNO. Von dem Land, das seine Vereinigung und damit das Erreichen seines erklärtermaßen obersten Ziels vor allem der friedlichen Beendigung des Kalten Krieges verdankt, wird heute ganz selbstverständlich erwartet, daß es jetzt seinerseits im Rahmen der Vereinten Nationen an der Aufrechterhaltung oder Wiederherstellung des Friedens in der Welt mitwirkt. In einer Situation, in der der Weltorganisation in Kambodscha, im Irak, in Somalia oder im ehemaligen Jugoslawien ein womöglich folgenreicher Autoritäts- und Gesichtsverlust droht, ist diese Bereitschaft zu verstärkter Mitarbeit auf allen Ebenen der UN in besonderem Maße gefordert.

Sie schließt, sollte die Bundesrepublik dazu aufgefordert werden, die Bereitschaft zur Einnahme eines ständigen Sitzes im Sicherheitsrat der Vereinten Nationen ein. Auch dieser kann ja aus der Sicht anderer Staaten beides bedeuten: Verantwortung zu übernehmen und sich zugleich einer gewissen Kontrolle zu unterwerfen. Ob es sinnvoll ist, deutscherseits einen ständigen Sitz im Sicherheitsrat zu fordern, ist zweifelhaft, schon weil ein solches Vorgehen den eingangs zitierten Ängsten, Vorurteilen und Spekulationen über ein neues deutsches »Muskelspiel« Vorschub leisten muß. Vor allem aber ist nicht absehbar, wie weit eine einmal eingeleitete Umstrukturierung der Vereinten Nationen, die ja nicht bei einem zusätzlichen ständigen Sitz für die Bundesrepublik enden könnte, schließlich gehen und in welchem Maße sie die Effizienz des Sicherheitsrates berühren würde. Im übrigen hat Deutschland ja auch ohne den ständigen Sitz erhebliche und noch keineswegs vollständig ausgeschöpfte Möglichkeiten zu einer umfassenden Kooperation.

Vergleichbares gilt natürlich in besonderem Maße auch für die europäischen und atlantischen Gemeinschaften, denen die Bundesrepublik zum Teil seit deren Anfängen angehört, also für die NATO, die WEU, den Europarat und die KSZE. Angesichts der Unwägbarkeit der politischen, wirtschaftlichen und militärischen Entwicklungen insbesondere im Osten und Südosten Europas sowie in den angrenzenden Räumen, etwa im Nahen und Mittleren Osten oder im nördlichen Afrika, ist die Bundesrepublik gut beraten, daran mitzuwirken, die NATO als stabilen, bewährten Faktor in der internationalen Politik zu erhalten und den neuen Gegebenheiten anzupassen.[144] Zu Recht warnte die Nukleare Planungsgruppe der

NATO im Oktober 1992 vor den neuen »Risiken für die europäische Sicherheit, die aus ernsten wirtschaftlichen, sozialen und politischen Schwierigkeiten sowie ethnischen Rivalitäten und Gebietsstreitigkeiten entstehen können«[145]. Die permanente, unter den Bedingungen des Kalten Krieges insgesamt kalkulierbare, weil auf der Logik berechenbarer Abschreckung gegründete Bedrohung durch die Sowjetunion und den Warschauer Pakt hingegen gehört der Vergangenheit an.

Heute dürfte die Hauptaufgabe der Atlantischen Allianz in der Vorbereitung auf die Abwehr von Gefahren liegen, die sich aus wenig berechenbaren Entwicklungen wie Bürgerkriegen oder krisenartigen Eruptionen an der näheren oder ferneren Peripherie Europas ergeben können. Niemand kann garantieren, daß Krisen und Kriege wie diejenigen am Persischen Golf immer begrenzbar sind. Niemand kann vorhersagen, welche Dynamik und welches Ausmaß die Nationalitätenfrage in Ost-, Südost- und Ostmitteleuropa annehmen wird, sollte sie über weite Teile der ehemaligen Sowjetunion und das vormalige Jugoslawien hinaus akut werden. Niemand kann ausschließen, daß sich einige Staaten Westeuropas über kurz oder lang einer erpresserischen Bedrohung ausgesetzt sehen, um politische Interessen durchzusetzen, sei es durch eine Unterbrechung der immer noch vitalen Ölzufuhr, sei es durch eine terroristische Androhung des Einsatzes von Atomwaffen, die heute auf dem Weltmarkt frei verfügbar sind.

Schließlich wird niemand einen erneuten Putschversuch in Rußland als unbegründete Spekulation abtun wollen. Vor allem das gewaltige, gerade auch strategische nukleare Potential der ehemaligen Sowjetunion ist im wesentlichen noch vorhanden und einsatzbereit. Wer kann ausschließen, daß eine Elite in Rußland mit Zugriff auf dieses Potential in dem Augenblick, in dem sie sich in einer politisch, militärisch, wirtschaftlich oder sozial ausweglosen Lage sieht, dieses als Druck- oder Drohmittel einsetzt? Fest steht, daß allein die Vereinigten Staaten aufgrund des eigenen nuklearen Arsenals mit den atomaren Nachfolgestaaten der Sowjetunion über den Abbau der beiderseitigen globalen Vernichtungskapazität verhandeln können. Das geschah und geschieht im Rahmen der Verhandlungen über die Reduzierung strategischer Waffen (START). Ebendeshalb bildet das amerikanische strategische Potential nach wie vor die wichtigste Garantie gegen eine eventuelle, wie immer motivierte russische Versuchung oder Verzweiflungstat, so unwahrscheinlich sie heute ist. Davon profitiert in der Konsequenz auch Europa.

Der Bestand der NATO bedeutet jedenfalls vorerst den Erhalt der amerikanischen Präsenz in Europa, die ihrerseits eine wichtige Voraussetzung für das Fortbestehen der Weltmachtrolle der Vereinigten Staaten bildet. Das gilt auch für die KSZE. Man mag darüber streiten, ob die KSZE, eine Erfindung für das Management des Kalten Krieges, sich mit dessen Ende selbst überlebt hat oder ob eine Konferenz mit mehr als fünfzig Mitgliedern noch handlungsfähig ist, zumal ihr bis heute effektive Sanktions- und Interventionsmöglichkeiten fehlen. Auch ist nicht zu übersehen, daß die Bestimmungen des Vertrages über die konventionellen Streitkräfte in Europa namentlich in vielen Nachfolgestaaten der Sowjetunion schlicht nicht eingehalten werden. Und dennoch dürfte unbestritten sein, daß sich die KSZE in der Vergangenheit mehrfach bewährt hat. Sie bildete sowohl den gesamteuropäischen Rahmen für die deutsche Vereinigung als auch das Dach, unter dem mit den »Verhandlungen über Konventionelle Streitkräfte in Europa« (VKSE) und über »Vertrauens- und Sicherheitsbildende Maßnahmen« (VVSBM) zum erstenmal überhaupt Ergebnisse im Bereich der konventionellen Abrüstung erzielt werden konnten.[146]

Schließlich ist in der KSZE-Mitgliedschaft der außereuropäischen Mächte USA und Kanada ein stabilisierendes Moment in der Entwicklung des europäischen Kontinents zu sehen. Das sollte gerade in der Bundesrepublik als selbstverständlich gelten. Das Gegenteil war der Fall. Es gehört zu den paradoxesten Zügen der jüngsten Geschichte, daß sich in dem Land, das seine Sicherheit, damit auch seinen Wohlstand und schließlich seine Vereinigung nicht zuletzt der amerikanischen Präsenz in Europa verdankt und das seine Teilnahme an der für Deutschland letztlich so erfolgreichen KSZE ursprünglich von derjenigen der USA abhängig gemacht hatte, im Umkreis des Golfkrieges eine Abwehrhaltung breitzumachen begann - also ausgerechnet in dem Augenblick, als man seitens der USA auf die öffentliche Solidarität der Bundesrepublik setzte. Daß diese in den kritischen Stunden und Tagen des Januars 1991 praktisch ausblieb, daß - mehr noch - sogar Stimmen laut wurden, die das Gegenteil forderten, stieß nicht nur jenseits des Atlantiks auf wenig Verständnis.

Dabei ging es weder um die Entsendung deutscher Soldaten an den Persischen Golf, noch zweifelte jemand daran, daß die Bundesrepublik unterhalb der Ebene des direkten militärischen Einsatzes einen bedeutenden Beitrag zum Golfkrieg leistete. Befremdlich wirkte, daß sich die neue Großmacht nicht in der Lage sah, eindeutig und öffentlich in einem Maße Stellung zu beziehen, das ihrem Gewicht entsprach. Im Januar 1991, wenige Wochen nach der Vereinigung, war das immerhin noch mit der ungewohnten Rolle und auch damit erklärbar, daß die Deutschen in der Folge der beiden Weltkriege konsequent dem Machtgedanken abgeschworen hatten.

Aber diese Zeiten sind vorbei. Noch einmal wird sich die Bundesrepublik angesichts ihres faktischen Gewichts eine solche Zurückhaltung nicht leisten können. Karl-Heinz Bohrer und Theo Sommer haben recht: die »Flucht aus der Weltpolitik in den Märchenwald, wo uns keiner mehr findet, außer der guten Fee, die meldet, daß der Weltfriede ausgebrochen ist«[147], gehört der Vergangenheit an; einen erneuten »Urlaub von der Weltgeschichte« wird es nicht mehr geben.[148] Ob man einen Zerstörer der Bundesmarine zu einem Inspektionsauftrag der Vereinten Nationen im Rahmen einer WEU-Aktion und als Teil eines NATO-Verbandes in eine Krisenregion schickt, kann nicht, wie im Sommer 1992, Gegenstand einer sich über Wochen hinschleppenden Kontroverse sein.

Zu einer verantwortlichen Mitarbeit der Bundesrepublik in internationalen Organisationen wie der UNO, der WEU oder der NATO gehört daher auch ihre Bereitschaft, sich an kollektiven Maßnahmen zur Sicherung des Friedens zu beteiligen. Daß dies bereits in erheblichem Umfang geschieht, ist der Öffentlichkeit weitgehend unbekannt, und auch das ist bezeichnend. Abgesehen von der Bereitstellung finanzieller Mittel in Höhe von etwa fünfundvierzig Millionen Dollar hat sich die Bundesrepublik in den beiden ersten Jahren nach der Vereinigung immerhin an sechs von acht friedenserhaltenden Missionen der UNO auch mit Personal beteiligt, zum Beispiel durch die Entsendung von Pflegern und Ärzten nach Kambodscha und Somalia oder von Angehörigen des Bundesgrenzschutzes zur Überwachung des Referendums in der Westsahara. Ähnlich wie im Falle der deutschen Minensuchboote, die 1991 nach Beendigung der Kampfhandlungen zwischen den Alliierten und dem Irak, aber noch vor Unterzeichnung des Waffenstillstandes in den Persischen Golf entsandt wurden, erfuhr auch der deutsche Beitrag zu den friedenserhaltenden Maßnahmen eine außerordentlich diskrete Behandlung. Das zeigt, wie wenig die Öffentlichkeit, und keineswegs nur die deutsche, auf ein entsprechendes Engagement der Bundesrepublik vorbereitet ist.

In besonderem Maße gilt das für die Frage einer Beteiligung deutscher Soldaten an kollektiven Maßnahmen zur Sicherung oder gegebenenfalls Wiederherstellung des Friedens. Daß diese erstens im Einklang mit der Charta der Vereinten Nationen stehen muß und daß zweitens ein Einsatz deutscher Soldaten dort, wo er unmittelbare Erinnerungen an die Kriegführung des »Dritten Reiches« hervorrufen könnte, derzeit nicht in Betracht kommt, ist selbstverständlich. Schließlich macht es, wie der *Spiegel* zutreffend kommentierte, »im Jahrhundert von Auschwitz immer noch einen Riesenunterschied, ob irgendwo US-Truppen kämpfen oder ob als Folge des Einsatzes deutscher Waffen Bilder von Leichen und Trümmern um die Welt gehen«[149].

Auf keinen Fall dürfen aber verfassungsrechtliche Bedenken gegen einen Einsatz deutscher Soldaten als Vorwand für den zitierten »Sonderweg« dienen. Sie sind gegebenenfalls auf dem dafür vorgesehenen Weg zu klären. Sollte die Bundesrepublik sich nicht in der Lage sehen, wenn nötig auch militärisch zu jenen vertraglichen Verpflichtungen zu stehen, die sich aus ihrer Zugehörigkeit zu den Organisationen kollektiver Sicherheit ergeben, wird sie ihre Bündnis- und damit ihre Handlungsfähigkeit verlieren. Sie sollte dann den konsequent nächsten Schritt tun und sich aus den Verträgen kollektiver Sicherheit lösen. Eine öffentliche Diskussion über einen Austritt namentlich aus den Vereinten Nationen und der NATO könnte krasser als eine abstinente Haltung oder eine nur bedingte Mitarbeit in diesen Institutionen deutlich machen, was der Bundesrepublik in diesem Fall drohen dürfte: ihre internationale Isolierung mit allen Konsequenzen.

Deutschen Soldaten sogenannte Blauhelmeinsätze vorbehalten und Kampfeinsätze, falls sie im Auftrag der UNO als Ultima ratio beschlossen werden müssen, Soldaten anderer Nationen überlassen zu wollen, geht nicht an - so schwer eine solche Entscheidung auch fallen muß. Würde eine europäische Großmacht wie die Bundesrepublik die Lösung der gefährlichen, umstrittenen Aufgaben an »die anderen«, auch kleineren Nationen delegieren, könnte das gerade im deutschen Fall als Zynismus und Arroganz ausgelegt werden. »Gewicht und Größe, Geschichte und Geographie des Landes gestatten den Deutschen nicht mehr die alte Verbindung von moralischer Empörung und politischer Enthaltsamkeit.«[150]

In vielen Krisen, Kriegen und Konflikten sind zudem sogenannte Blauhelmeinsätze schon deshalb kaum mehr eindeutig von Kampfeinsätzen zu trennen, weil manche Konfliktparteien sich nicht mehr an die Grundregeln eines kollektiven Sicherheitssystems wie das der Vereinten Nationen halten und UN-Einheiten wie einen militärischen Gegner behandeln. Auch gibt es heute eine wachsende Zahl humanitärer Einsätze im weitesten Sinne, die durchgeführt werden müssen, um das Überleben von Zivilisten zu sichern, mit denen aber zugleich direkt oder indirekt Partei in einem kriegerischen Konflikt ergriffen wird. Zu denken ist hier an so verschiedenartige Einsätze wie den Schutz der im nördlichen Irak lebenden Kurden, an die Überlebenshilfe für die somalischen Bürgerkriegsopfer, an die Demobilisierung der kambodschanischen Bürgerkriegsparteien oder an die Versorgung der Bevölkerung Bosniens und der Herzegovina mit Lebensmitteln und Medikamenten. Auch kann heute nicht mehr grundsätzlich ausgeschlossen werden, daß zur Verhinderung einer gigantischen Katastrophe wie derjenigen von Tschernobyl im äußersten Fall auch andere Mittel als die des politischen Drucks erforderlich werden könnten. Schließlich ist in Rechnung zu stellen, daß Inspektions- oder andere Maßnahmen etwa zur Überwachung der Einhaltung von Boykottbeschlüssen, sofern sie mit militärischem Gerät durchgeführt werden, selbstverständlich eine andere Qualität haben als solche ziviler Natur.

Gewiß, der Einsatz von Soldaten ganz gleich auf welcher Ebene kann allenfalls die Ultima ratio der Völkergemeinschaft sein. Aber sie wird auf dieses Mittel so lange nicht verzichten können, als die Maßnahmen zur Friedenssicherung oder zur Konfliktbegrenzung oder -beendigung, die entsprechend der UN-Charta zunächst und vor allem anzuwenden sind, nicht greifen, weil sie umgangen werden. Die Fälle Irak und Serbien haben bestätigt, was in der Zwischenkriegszeit das Beispiel Italien gelehrt hat. Wie dessen Krieg gegen Abessinien 1935/36 kraß demonstrierte, können Aggressoren offenbar sicher darauf zählen, daß von der Völkergemeinschaft beschlossene Boykottmaßnahmen von einigen ihrer Mitglieder immer auch als Chance für die Abwicklung lukrativer Geschäfte oder für die Durchsetzung politischer Interessen mißbraucht werden.

Weil das so ist, wird der Einsatz anderer, schärferer Mittel nicht auszuschließen sein, jedenfalls so lange nicht, als es die zivilisierte Welt für ihre Pflicht hält, die Opfer blinder Aggression nicht ihrem Schicksal zu überlassen. Daß nichtzivile Aktionen wie maritime Inspektionsfahrten oder Versorgungsflüge im Fall des ehemaligen Jugoslawien bis hin zu massiven Kampfeinsätzen wie im Fall des Irak sich seit einigen Jahren häufen und eine enorme Eigendynamik entwickeln, hat ja nicht etwa mit einer zunehmenden Begeisterung der Völkergemeinschaft oder ihrer handlungsfähigen Teile für solche womöglich verlustreichen, in jedem Fall aber kostspieligen Einsätze zu tun. Vielmehr tragen sie den gewandelten Umständen Rechnung.

Denn kein Weg führt an der Erkenntnis vorbei, daß sich die Situation in der Welt, vor allem auch in Europa, dramatisch geändert hat. Krieg und Bürgerkrieg sind wieder zu Mitteln europäischer Politik geworden. Sie werden mit fanatischer Erbitterung geführt und sind deshalb, aber auch wegen des nicht abreißenden Nachschubes aus den Produktionsstätten und Arsenalen der zerfallenden Riesenarmeen des vormaligen Ostblocks kaum begrenzbar. Was in der Ära des Kalten Krieges nahezu undenkbar schien, weil seine Logik eben auch Sicherheit garantierte, ist jetzt alltägliche Realität geworden. Darauf muß sich Europa, muß sich mithin auch die Bundesrepublik einstellen.

In jedem Fall geben die derzeitigen Kriege und Krisen im östlichen und südöstlichen Europa Anlaß zu verstärktem Nachdenken über den Auf- und Ausbau einer europäischen Verteidigungsgemeinschaft. Noch hat Europa nicht beweisen können, daß es sich ohne den stabilisierenden Faktor USA behaupten kann, und es steht zu hoffen, daß der Beweis nie anzutreten sein wird. Jedenfalls ist nicht auszuschließen, daß die Vereinigten Staaten - in Verkennung ihrer eigenen Interessen oder unter dem Druck der Entwicklung im Innern - dereinst ihrer militärischen Präsenz in Deutschland und Europa ein Ende setzen werden. Der kanadische Rückzug ist inzwischen Realität, und für den amerikanischen, der indessen andere Dimensionen und Folgen hätte, gibt es den Präzedenzfall der Zwischenkriegszeit.

Die Europäer sind daher gut beraten, ihre Integration energisch voranzutreiben, auch die militärische. Eine europäische Verteidigungsgemeinschaft, etwa in Form einer ausgebauten WEU, muß ja keineswegs im Gegensatz oder in Konkurrenz zur NATO stehen; sie könnte aber einmal, etwa im Fall eines amerikanischen Rückzuges aus Europa und einer Auflösung der NATO in ihrer bestehenden Form, eine dringend benötigte Auffangposition bilden. Realisierbar ist ein solches Unternehmen aber nur, wenn alle Partner der Gemeinschaft in einem ihrem tatsächlichen Gewicht entsprechenden Maße daran beteiligt sind. Eine deutsch-französische Initiative mag als Starthilfe nützlich sein, als exklusiver Kern einer europäischen Verteidigungsunion im eigentlichen Sinne ist sie kontraproduktiv.

Hier, in Europa, liegt ein genuines Betätigungsfeld der deutschen Außenpolitik, heute mehr denn je: Die gewaltigen Probleme der Gegenwart wie der Zukunft, insbesondere die Verhinderung, Begrenzung oder unter gewissen Bedingungen auch Beendigung kriegerischer Eruptionen, die Bewältigung und Kanalisierung der Flüchtlingsströme, die Meisterung der Umweltkatastrophen, die Kontrolle der Drogen- und Atommüllkriminalität oder die Eindämmung der Aids-Epidemie, stellen Herausforderungen dar, mit denen verglichen etwa die Schaffung einer europäischen Währungsunion eine Frage zweiter Ordnung zu sein scheint.

Diese Herausforderungen sind nicht im Alleingang zu bewältigen. Die Bundesrepublik muß daher ein herausragendes Interesse an der Fortsetzung eines europäischen Integrationsprozesses haben, der den gewandelten Verhältnissen Rechnung trägt und so den neuen Herausforderungen gewachsen ist. Um diese rasch und überzeugend meistern zu können, bedarf es der partiellen Delegation nationaler Kompetenzen an entsprechende supranationale Institutionen oder doch zumindest verbindlicher Vereinbarungen im europäischen Rahmen: Wie sonst sind die gewaltig anschwellenden Ströme der Hungernden, Heimatlosen und Verfolgten zu bewältigen, wie anders die Auswirkungen der Umweltkatastrophen zu begrenzen?

Die europäische Integration hat indessen nur dann eine Chance, wenn den Bürgern Europas plausibel gemacht werden kann, daß die partielle Aufgabe nationalstaatlicher Kompetenz und Souveränität in mancher Hinsicht nur nachvollzieht, was in der Praxis längst Realität ist, und jedenfalls in diesen Bereichen bislang keinen Verlust, sondern einen Gewinn bedeutet. Daß es in vielen Ländern noch nicht einmal im Ansatz gelungen ist, dies zu vermitteln, hat das Scheitern der Maastrichter Beschlüsse in ihrer ursprünglichen Form gezeigt.

Falls die Abwehrhaltung vieler Bürger Europas gegen das »Monstrum von Maastricht«[151] auch eine Reaktion auf das Unvermögen der Politiker ist, ihnen in klarer Sprache Inhalt, Nutzen und Notwendigkeit dieses Vertragswerkes zu erläutern, läßt das drei Schlüsse zu: Entweder, und dafür gibt es Hinweise, sind die Verträge so übereilt und mithin unzureichend ausgehandelt, daß ihr Inhalt einem Spezialisten nur schwerlich überzeugend und einem Laien kaum in einer Weise zu vermitteln ist, die ihn für die Sache interessiert. Oder aber, und auch dafür gibt es Indikatoren, einer Mehrzahl von Politikern ist Europa - möglicherweise ebendeshalb - bislang noch nicht die erforderliche intensive Auseinandersetzung und Vermittlung wert. Vor allem aber ist nicht auszuschließen, daß die in Maastricht festgeschriebenen Prinzipien einer Währungs- und politischen Union eher jenen Ideen verhaftet sind, die Ausdruck des Kalten Krieges waren und deren Realisierung 1954 mit dem Scheitern der Europäischen Verteidigungsgemeinschaft (EVG) in der französischen Nationalversammlung einen schweren Rückschlag erlitt.

Denn ursprünglich, in den fünfziger Jahren, war Europa erfunden worden, um die Deutschen zu bändigen. Das galt vor allem auch für die EVG, die von Frankreich vorgeschlagen wurde, um die unvermeidliche deutsche Beteiligung an der Verteidigung Westeuropas in Bahnen zu lenken, die maßgeblich von Paris aus kontrollierbar waren. Daß die EVG nach vier Jahren zu den Akten gelegt wurde, und zwar ausgerechnet durch die französische Nationalversammlung, sollte erhebliche Folgen haben. Mit der Europa-Armee nämlich scheiterte auch das, was ebendeshalb immer wieder, und zuletzt in Maastricht, auf der europäischen Tagesordnung stand: die Integration auf allen Ebenen, auch und vor allem der politischen. Wenn man aber davon ausgeht, daß diese Form der europäischen Integration die zeitgemäße Antwort auf jene äußeren Umstände war, unter denen sie entwickelt wurde, dann wäre sie jetzt obsolet. Denn mit dem Ende des Kalten Krieges, dem Zerfall des Sowjetimperiums und nicht zuletzt mit Deutschlands neuer Lage haben sich auch jene Rahmenbedingungen dramatisch, jedenfalls gründlich geändert.[152]

Sollte der Gedanke einer wie immer gearteten europäischen Integration grundsätzlich scheitern, weil er auf den Ideen und Realitäten der fünfziger Jahre basiert, wäre das sehr bedenklich. Denn das hätte nicht nur nachteilige Folgen für die Bewältigung der drängenden Probleme der Gegenwart und Zukunft. Vielmehr könnte ein nachhaltiger Rückschlag des Integrationsprozesses auch in den Bereichen, in denen er sinnvoll und realisierbar ist, zu einer Renaissance nationalistischen Denkens im westlichen Europa führen, die niemand ernsthaft wünschen kann und die heute noch zusätzliche Gefahr bedeuten würde, weil eine brisante Verbindung mit den Nationalismen des östlichen und südöstlichen Europa nicht grundsätzlich auszuschließen ist. Die möglichen Folgen lehrt der Blick in die erste Hälfte dieses Jahrhunderts.

Europa, auch dem westlichen Teil des Kontinents, steht eine Gratwanderung bevor: Es gilt, das Wiederauflodern des Nationalismus zu verhindern und zugleich dem Wiederaufleben der Nationalstaatsidee den Raum zu geben, den diese beansprucht und ganz offensichtlich benötigt, um sich in gesunden Bahnen entwickeln zu können. Denn die Ereignisse seit den ausgehenden achtziger Jahren haben auch das deutlich werden lassen: Der Nationalstaatsgedanke hat sich trotz oder gerade wegen der europäischen Integrationsbemühungen nicht überlebt, die Idee der Nation ist offenbar nicht aufkündbar, in Europa wird »fremd verordnete Einheitlichkeit des Lebens auf Dauer nicht hingenommen«[153], die Auflösung des

Nationalstaates, »sei es in strukturlose Diskurse, sei es in realitätsloses Europäertum«, wird nach der zutreffenden Einschätzung Ralf Dahrendorfs immer weniger als Fortschritt und immer häufiger als »Rückschritt der Zivilisation« begriffen.[154]

In einer Zeit, in der sich in vielen Ländern die Menschen erst wieder an die Nationalstaatsidee zu gewöhnen beginnen, besteht die vielleicht wichtigste Aufgabe der Europäer in dem Bemühen, den Exzeß, das erneute Umschlagen dieser Idee in Nationalismus und Chauvinismus zu verhindern. Das gilt in besonderem Maße für Deutschland: Nirgends sonst im westlichen Europa war der Abschied vom Gedanken eines geeinten Nationalstaates so gründlich und für die meisten wohl auch so endgültig wie in diesem für fast ein halbes Jahrhundert geteilten Land. In keinem zweiten vergleichbaren Fall tut man sich deshalb, aber auch wegen der bereits erfolgten partiellen Delegation nationalstaatlicher Kompetenz an die europäischen und atlantischen Gemeinschaften und nicht zuletzt wegen der inneren Spaltung, die der äußeren folgte, so schwer wie hier, ein gesundes Verhältnis zu dem zu entwickeln, was die Deutschen ohnehin nur etwa fünfundsiebzig Jahre lang aus eigener Anschauung und Erfahrung kannten: zum Nationalstaat. Nirgends sonst in der »westlichen Hälfte Europas, die sich für verläßlich zivilisiert hielt«[155], wirken die Enthemmung der Affekte, der Chauvinismus im Gewande des Fremdenhasses und auch wieder des Antisemitismus so abstoßend wie in diesem Land mit dieser Geschichte, und bei keinem zweiten Land wecken solche Ausbrüche vergleichbare Erinnerungen und die Angst, daß sich Vereinzeltes erneut zu organisierter Gewalt nach innen wie nach außen verdichten könnte.

Ob die Gratwanderung zwischen Nationalstaat und Nationalismus mit einem in jeder Hinsicht integrierten Europa gelingen kann, darf bezweifelt werden. Die heftigen Diskussionen über das Maastrichter Vertragswerk haben ja vor allem die Sorge vieler Europäer vor einem zu großen Verlust ihrer jeweiligen nationalen Identität erkennen lassen, wie immer sich diese im einzelnen definiert. Daß diese Befürchtungen jedenfalls beim gegenwärtigen Stand des Integrationsprozesses wenig begründet sind, zeigt der deutsche Fall. Eben weil kein zweiter Staat Westeuropas so vielseitige Erfahrungen mit der Aufgabe nationalstaatlicher Egoismen gemacht hat wie die Bundesrepublik, weil kein zweites Land wegen seines spezifischen Weges zur Souveränität in einem solchen Maße europäisch und atlantisch vernetzt ist wie Deutschland, kann Deutschland als Beispiel für den Nutzen gelten, den eine Integration Europas in jenen Bereichen mit sich bringen kann, in denen sie sinnvoll oder auch unumgänglich ist.

Daß der enorme wirtschaftliche Aufschwung, den die Bundesrepublik seit den fünfziger Jahren genommen hat, ohne den europäischen Markt kaum realisierbar gewesen wäre, ist unbestritten. Schon deshalb hat der Bonner Staat eine Vorreiterrolle bei der Einigung des Kontinents gespielt. Zudem waren seine Repräsentanten zu aller Zeit überzeugt, daß die Wiedervereinigung allenfalls in einem geeinten Europa vorstellbar sei. Tatsächlich ist es wenig wahrscheinlich, daß eine nicht fest in die europäischen und atlantischen Gemeinschaften, also in die EG, die NATO oder auch die KSZE, eingebundene Bundesrepublik die Chance für eine Vereinigung mit dem zweiten deutschen Teilstaat erhalten hätte. Und schließlich bot die europäische Bühne den Deutschen eine Möglichkeit, als gleichberechtigter Partner neben anderen zu agieren.

Nicht Dankbarkeit oder falsche Sentimentalität standen daher seit den ausgehenden vierziger Jahren hinter dem deutschen Europa-Engagement, sondern das Wissen um den Nutzen, den die Integration des Kontinents für Deutschland bringen würde. Zudem harmonierte der deutsche Wunsch nach einem geeinten Europa vorzüglich mit der Gewißheit der anderen, daß der bis heute wenig geliebte Nachbar auf diese Weise unter Kontrolle blieb. Schon 1912 hatte der letzte deutsche Reichskanzler vor Ausbruch des Ersten Weltkrieges vermerkt, daß die anderen Völker die deutsche Großmacht nicht »liebten«. Dafür, so analysierte Theobald von Bethmann Hollweg damals, »sind wir zu stark, zu sehr Parvenü und überhaupt zu eklig«[156]. Sieht man auf manche Reaktion der Gegenwart, so hat sich an dieser Perzeption des deutschen Aufsteigers ebensowenig geändert wie an dem Bemühen der westlichen Nachbarn seit 1945, vor allem aber seit 1989, die Deutschen unter Kontrolle zu halten.

Die europäische Integration bildet jenen äußeren Rahmen, der sicherstellt, daß ein wie immer definiertes nationales Interesse Deutschlands nicht erneut auf Kosten der Sicherheitsinteressen seiner näheren und ferneren Nachbarn geht. Sie steht daher stellvertretend für ein Charakteristikum deutscher Außenpolitik auch nach der Vereinigung und der Erlangung voller Souveränität: Angesichts ihrer Einbettung in die atlantischen und europäischen Gemeinschaften ist auch die größere Bundesrepublik in vielen Bereichen ohnehin nur bedingt allein handlungsfähig, ganz gleich, ob, in welchem Tempo und mit welchem Ergebnis die europäische Integration nach Maastricht festgeschrieben und fortgesetzt wird.

Für eine entsprechende Prognose wird es kaum prophetischer Gaben bedürfen: Die wirtschaftliche Integration wird mit der Vollendung des Binnenmarktes an Kraft und Bedeutung zunehmen, die Ansätze einer koordinierten Außen-, Sicherheits-, Flüchtlings- und Umweltpolitik werden unter dem Druck der Ereignisse deutlicher an Profil gewinnen müssen. Die Projekte einer Währungs- und politischen Union im ursprünglichen und eigentlichen Sinn des Wortes aber dürften allen Beschlüssen, Bekundungen und Beschwörungen zum Trotz in absehbarer Zeit kaum die gewünschten Formen annehmen.

Daß das insbesondere für Deutschland erhebliche Konsequenzen hat, wurde namentlich von Wolf Lepenies deutlich ausgesprochen. Denn mit der erneuten Abschiednahme Europas von der bundesstaatlichen Idee muß auch die Bundesrepublik »zu einem normalen europäischen Nationalstaat werden«[157]. Aus Gründen, die Gegenstand dieses Essays waren, sind die Deutschen darauf bisher nicht vorbereitet. Wie sollten sie auch, da sie bislang nur einmal, eben in der Zeit des Deutschen Reiches, in einem geeinten Nationalstaat gelebt und sich als Folge der von diesem ausgelösten Katastrophen seit einem halben Jahrhundert an den Gedanken zu gewöhnen hatten, daß ein solcher Nationalstaat auf deutschem Boden nicht mehr zur Realisation anstehe und daß Europa und die deutsche Einheit zueinander »in Widerspruch« stünden.[158]

Die neue Lage birgt daher eine enorme Verantwortung: Als wiedererstehender Nationalstaat wird auch Deutschland seine nationalen Interessen für sich wie für die anderen deutlich und eindeutig zu definieren haben. Um zu vermeiden, daß sie erneut mit dem Sicherheitsinteresse anderer Staaten kollidieren, hat die Bundesrepublik schon in der Präambel des Grundgesetzes den Willen ihrer Bürger festgeschrieben, »als gleichberechtigtes Glied in einem vereinten Europa dem Frieden der Welt zu dienen«. Das ist ein wichtiger, aber eben auch ein sehr weiter Rahmen. So wie es aussieht, ist einer zunehmenden Zahl von Beobachtern und Betroffenen in Europa bewußt, daß die Einbindung der Bundesrepublik zwar nach wie vor ein herausragendes gemeinsames Interesse ist, daß diese aber nicht eine Form annehmen kann, welche die Entwicklung Deutschlands und damit auch des Kontinents auf Dauer hemmt.

In einer völlig gewandelten Welt wird auch die Bundesrepublik eine ihrem Gewicht entsprechende Rolle spielen müssen, und das keineswegs aus egoistischen Motiven. Denn Europa braucht Deutschland, und ein zu schwaches Deutschland im Herzen Europas ist unter den gegebenen Umständen nicht minder beunruhigend als ein zu starkes.[159] »Im Moment der Einheit«, so beobachtete damals Michael Stürmer, »war viel davon die Rede, in Deutschland wie bei den Nachbarn, daß die künftige wirtschaftliche Stärke des vereinten Landes Europa aus dem Gleichgewicht werfen würde. Das einzige, was noch schlimmer wäre, wäre die wirtschaftliche Überanstrengung und dauerhafte Schwächung Deutschlands.«[160] Das gilt heute nicht mehr nur für den wirtschaftlichen Sektor, sondern längst auch, wie die innere Spaltung Deutschlands, der Ausbruch des Fremdenhasses oder die Hilflosigkeit der Debatten über den Bundeswehreinsatz und die Asylantenproblematik zeigen, für den politischen und wohl nicht zuletzt für den militärischen.

Auch und gerade deshalb muß die Bundesrepublik jetzt ihre nationalen Interessen definieren und benennen. Das setzt die realistische Bestandsaufnahme der neuen Lage voraus. Wir müssen begreifen, daß Deutschland angesichts des dramatischen Zerfalls der alten Machtstrukturen im östlichen Europa, angesichts seines eigenen, seit der Vereinigung noch deutlich zunehmenden Gewichts in fast allen Bereichen sowie angesichts der dadurch mitbedingten Attraktivität für andere, namentlich für eine rasant wachsende Zahl notleidender Menschen, längst in einer Machtposition ist. Dieser nüchterne Befund schließt einen zweiten ein: Macht ist ein Faktor im Leben der Menschen, Völker und Staaten. Ebendeshalb birgt Macht auch immer schon beides in sich, die Gefahr ihres Mißbrauchs und die Chance ihres Einsatzes für lebensrettende, friedenserhaltende, zivilisatorische Zwecke.

In einer Welt, die aus den Fugen zu geraten droht, sind auch die Deutschen aufgerufen, ihre Macht im Sinne dieser Chance zur Verfügung zu stellen und einzusetzen. Die möglichen Anlässe eines solchen Einsatzes sind so vielfältig wie die Formen, in denen er sich vollziehen kann oder muß. Sie reichen von humanitärer und wirtschaftlicher Unterstützung bis hin zu massiver Intervention, auch mit militärischen Mitteln. Die wohlhabende europäische Großmacht Bundesrepublik, die ihre Ziele im wesentlichen erreicht hat, kann sich nicht mehr dem entziehen, was der Friedens- und Konfliktforscher Dieter Senghaas als Entwicklung einer »Kultur legitimer Intervention« bezeichnet, die sich gegen »die Exzesse menschenverachtender Politik« zu richten hat: Wenn Menschen »systematisch in den Tod und in Not getrieben werden, stellt sich die Frage von Intervention oder Nichtintervention, einschließlich einer militärischen Komponente, eigentlich nicht im Prinzip; es stellt sich vielmehr nur noch die Frage, ob eine Intervention angesichts der Lage an Ort und Stelle Aussicht auf Erfolg hat.«[161]

Mit einem Einsatz ihrer politischen, wirtschaftlichen sowie – unter den genannten Bedingungen[162] – auch militärischen Macht in diesem Sinne kann und muß die Bundesrepublik mehrere Ziele verfolgen: Auch Deutschland hat ein vitales Interesse, den Ursachen gigantischer Völkerwanderungen wie dem systematischen Völkermord, der massenhaften Vertreibung oder dem millionenfachen Hungertod dort zu begegnen, wo das mit wirtschaftlichen oder humanitären Mitteln möglich und im äußersten Notfall mit kollektiven militärischen Mitteln nötig ist. Indem die Bundesrepublik ihre Macht auch in den Dienst der Völkergemeinschaft stellt und diese gemeinsame Sache für sich als das definiert, was sie unter den heutigen Bedingungen ist, ein nationales Interesse, stellt sie zugleich auf überzeugende Weise klar, daß sich das nationale Interesse Deutschlands und das Sicherheitsinteresse seiner Nachbarn nicht mehr ausschließen: Der zweite deutsche Nationalstaat hätte sich damit wie der erste für den Einsatz seiner Macht, aber anders als der erste gegen deren Mißbrauch und vielmehr dafür entschieden, Macht als Chance zu begreifen, an der Eindämmung von Krisen und Kriegen und der Vermeidung von Katastrophen mitzuwirken.

Die Entscheidung ist unumgänglich, sie verträgt keinen Aufschub. Auf keinen Fall darf Deutschland in eine Situation geraten, in der ihm diese Entscheidung durch eine dramatische Entwicklung von außen oder durch den Druck der Straße aufgezwungen wird. Das aber heißt: Die Deutschen werden ihre Angst vor der Macht, die über Jahrzehnte gewachsen ist, bewältigen, sich aus ihrer lähmenden Ohnmacht befreien müssen. Nur so können sie ihrer Lage als europäische Großmacht, in der sie sich längst wieder befinden, gerecht werden, nur dann können sie das leisten, was ihre Machtposition heute von ihnen verlangt.

Welche Herausforderung! Ausgerechnet die Deutschen, deren Politik in vergleichbaren Situationen wiederholt in Krisen und Katastrophen endete, sind aufgerufen, eine Verantwortung zu übernehmen, die dem Status ihres Landes als souveränem, gleichberechtigtem Nationalstaat und seiner Stärke als europäischer Großmacht entspricht, ohne dabei die Ungeschicklichkeiten, Fehler und Verbrechen der ersten Jahrhunderthälfte mit ihren bis heute spürbaren Folgen zu verdrängen, zu vergessen oder gar zu wiederholen. Das Schicksal Europas dürfte nicht zuletzt davon abhängen, ob diese Bewährungsprobe gelingt.

ANHANG

Anmerkungen

1 Wolf Lepenies, Zum Sprechen bringen. Für einen Patriotismus der Intellektuellen, in: *Frankfurter Allgemeine Zeitung*, 23. Oktober 1992.

2 Max Weber, Wirtschaft und Gesellschaft. Grundriß der verstehenden Soziologie, hrsg. von J. Winckelmann, Tübingen ^{5}1972, S. 28.

3 So Max Weber, einer der bis 1918 entschiedensten Verfechter dieser Idee: Max Weber, Deutschland unter den europäischen Weltmächten, in: ders., Gesammelte Politische Schriften, hrsg. von J. Winckelmann, Tübingen ^{3}1971, S. 157 ff., Zitat S. 158.

4 Die Teilnehmer kamen aus Albanien, Bulgarien, Estland, Georgien, Kirgistan, Kroatien, Lettland, Litauen, Polen, Rumänien, der Russischen Föderation, der Tschechischen und Slowakischen Föderativen Republik, der Ukraine und Ungarn.

5 Arnulf Baring, Deutschland was nun? Ein Gespräch mit Dirk Rumberg und Wolf Jobst Siedler, Berlin 1991, S. 165.

6 Gregor Schöllgen, Determinanten deutscher Identität. Das Nationalstaatsproblem im 19. und 20. Jahrhundert, in: Historisches Jahrbuch 105 (1985), S. 455 ff.

7 Gregor Schöllgen, Das Zeitalter des Imperialismus, München ^{2}1991, S. 36 ff.

8 Max Weber, Deutschland unter den europäischen Weltmächten (wie Anm. 3), S. 160.

9 Stellvertretend für viele andere: Raymond Poidevin, Die unruhige Großmacht. Deutschland und die Welt im 20. Jahrhundert, Freiburg/Würzburg 1985.

10 Gregor Schöllgen, Die Macht in der Mitte Europas. Stationen deutscher Außenpolitik von Friedrich dem Großen bis zur Gegenwart, München 1992, S. 91 ff.

11 A. M. Rosenthal, Germany Is Everyone's Business, in: *International Herald Tribune*, 23. September 1992.

12 Deutsch ist nicht überall so beliebt wie in Kamerun, in: *Frankfurter Allgemeine Zeitung*, 28. März 1992.

13 Vgl. z. B.: »Nur die Bundesbank kann die amerikanische Wirtschaft retten«. Ökonomen: Mit stählerner Faust bringt die Bundesbank die westlichen Zinsen zu Fall, in: *Frankfurter Allgemeine Zeitung*, 13. Oktober 1992; Dow Rises 27.01 on Hopes of Lower Rates, in: *The New York Times*, 14. Oktober 1992.

14 Richard von Weizsäcker, Maastricht als historische Chance begreifen, in: *Frankfurter Allgemeine Zeitung*, 13. April 1992.

15 Gregor Schöllgen, Imperialismus und Gleichgewicht. Deutschland, England und die orientalische Frage 1871–1914, München ^{2}1992, S. 183 ff. und 439 ff.

16 William Richard Smyser, Drei große Aufgaben sind zu bewältigen. Deutschlands zukünftige Rolle in der Welt, in: *Frankfurter Allgemeine Zeitung*, 16. September 1992.

17 Schöllgen, Die Macht in der Mitte Europas (wie Anm. 10), S. 176 ff.

18 Belege bei Gregor Schöllgen, Deutschlands neue Lage. Die USA, die Bundesrepublik Deutschland und die Zukunft des westlichen Bündnisses, in: Europa-Archiv 47 (1992), S. 125 ff.

19 Vgl. z. B. Marc Fisher, Germany Finds Use of Power Stirs Painful Comparisons, in: *International Herald Tribune*, 31. März 1992.

20 Beide Bücher lagen rasch auch in deutschsprachigen Ausgaben vor: Robert Harris, Vaterland, Zürich 1992; David

Marsh, Die Bundesbank - Geschäfte mit der Macht, München 1992.

21 Die Zitate (stellvertretend für zahlreiche andere) entstammen folgenden Artikeln: Michael Z. Wise, Germany's Large Cultural Shadow, in: *International Herald Tribune*, 28. Februar 1992; Suzy Menkes, Cult Designer Reinvents His Sexy Look, ebd., 11. Februar 1992; Marc Fisher, Fatal Attraction? German's Love Affair With Mark, ebd., 19./20. September 1992; William Safire, So Much for the Euphoria of the Bureaucrats, ebd., 22. September 1992.

22 Zitiert nach Thankmar von Münchhausen, Michel und Marianne. Die deutsch-französischen Beziehungen in der Maastricht-Debatte, in: *Frankfurter Allgemeine Zeitung*, 17. September 1992.

23 So z. B. das Ergebnis einer Befragung prominenter Persönlichkeiten aus England, Frankreich, Italien und Deutschland: Voices of Europe: Need for Germany Far Outweights Any Fears, in: *The New York Times*, 29. September 1992.

24 Auch die Buchtitel, denen die Zitate entnommen sind, spiegelten den deutschen Geist ihrer Zeit: Friedrich Meinecke, Die deutsche Katastrophe. Betrachtungen und Erinnerungen, Wiesbaden 1946 u. ö.; Fritz Fischer, Griff nach der Weltmacht. Die Kriegszielpolitik des kaiserlichen Deutschland 1914/18, Düsseldorf 1961 u. ö.; Hans-Peter Schwarz, Die gezähmten Deutschen. Von der Machtbesessenheit zur Machtvergessenheit, Stuttgart 1985.

25 Einleitung zu: Die Auswärtige Politik der Bundesrepublik Deutschland, hrsg. vom Auswärtigen Amt, Köln 1972, S. 19.

26 Schwarz, Die gezähmten Deutschen (wie Anm. 24).

27 Hans-Peter Schwarz, Adenauer. Der Staatsmann: 1952–1967, Stuttgart 1991, S. 368 und 75.

28 Carlo Schmid, Erinnerungen. Gesammelte Werke, Bd. 3, Bern-München-Wien 1980, S. 311.

29 Stenographische Berichte über die Verhandlungen des Reichstages, V. Legislaturperiode. I. Session 1881/82, S. 920. Hervorhebungen im Original.

30 Elisabeth Noelle-Neumann, Der Zeitgeist ist das Kapital der Sozialdemokratie. Die Deutschen und ihr Sozialstaat. Der Allensbacher Monatsbericht, in: *Frankfurter Allgemeine Zeitung*, 19. Februar 1992.

31 Vgl. Konrad Adenauer, Erinnerungen 1945–1953, Stuttgart 1965 u. ö., S. 244 ff. Adenauer behandelt die Demontagen hier in dem Kapitel »Vorstoß in die Außenpolitik«.

32 Wortprotokoll der Sitzung vom 16. November 1950, in: Akten zur Auswärtigen Politik der Bundesrepublik Deutschland, hrsg. im Auftrag des Auswärtigen Amtes von H.-P. Schwarz, Bd. 1: Adenauer und die Hohen Kommissare, München 1989, S. 258 ff., bes. S. 265 f.

33 Schmid, Erinnerungen (wie Anm. 28), S. 448.

34 Hans Rothfels, Gesellschaftsform und auswärtige Politik, Laupheim o. J. [1951], S. 23 f.; ders., Sinn und Grenzen des Primats der Außenpolitik, in: ders., Zeitgeschichtliche Betrachtungen. Vorträge und Aufsätze, Göttingen 1959, S. 167 ff., hier S. 172 f.

35 Rede vom 6. Mai 1945 in Hannover, in: Kurt Schumacher. Reden - Schriften - Korrespondenzen 1945–1952. Hrsg. von W. Albrecht, Berlin/Bonn 1985, S. 203 ff., Zitat S. 219.

36 Rede vom 20. April 1949, ebd., S. 634 ff., Zitat S. 637.

37 So das Vorwort zu: Konrad Adenauer, Erinnerungen 1953–1955, Stuttgart 1966, S. 13.

38 Felix von Eckardt, Ein unordentliches Leben. Lebenserinnerungen, Sonderausgabe Gütersloh o. J., S. 167.

39 Verhandlungen des Deutschen Bundestages. Stenographische Berichte, Bd. 1, S. 525.

40 Carl J. Friedrich, Das Ende der Kabinettspolitik, in: Außenpolitik 1 (1950), S. 20 ff., Zitat S. 25.

41 Wie Anm. 39, S. 480 und 485.

42 Helga Haftendorn u. a. (Hrsg.), Verwaltete Außenpolitik.

Sicherheits- und entspannungspolitische Entscheidungsprozesse in Bonn, Köln 1978, hier S. 280 und 7.

43 Rede vom 11. Januar 1947, in: Schumacher, Reden - Schriften - Korrespondenzen (wie Anm. 35), S. 475 ff., Zitat S. 476.

44 Adenauer, Erinnerungen 1953–1955 (wie Anm. 37), S. 63.

45 Ebd.

46 So die zeitgenössische Definition des »Ziels der Außenpolitik«, in: Der Große Brockhaus, Wiesbaden [16]1953, S. 527.

47 Franz Josef Strauß, Die Erinnerungen, Berlin 1989 u. ö., S. 251.

48 Karl Jaspers, Antwort. Zur Kritik an meiner Schrift ›Wohin treibt die Bundesrepublik?‹, München 1967, S. 108.

49 Adenauer, Erinnerungen 1955–1959, Stuttgart 1967 u. ö., S. 378.

50 Indem ich durch diese Hölle gegangen bin. Egon Bahr im Zeit-Gespräch, in: *Die Zeit*, 12.–13. März 1992.

51 Egon Bahr, Rede über das eigene Land: Deutschland (1988), in: ders., Sicherheit für und vor Deutschland. Vom Wandel durch Annäherung zur Europäischen Sicherheitsgemeinschaft, München/Wien 1991, S. 139 ff., Zitat S. 141.

52 Kolloquien des Instituts für Zeitgeschichte: Deutscher Sonderweg - Mythos oder Realität?, München/Wien 1982.

53 Adenauer, Erinnerungen 1953–1955 (wie Anm. 37), S. 435.

54 Die Kabinettsprotokolle der Bundesregierung, Bd. 4 (1951), bearb. von U. Hüllbüsch, Boppard a. Rh. 1988, S. 228 f.

55 Schmid, Erinnerungen (wie Anm. 28), S. 520.

56 Adenauer, Erinnerungen 1955–1959 (wie Anm. 49), S. 119.

57 Schöllgen, Die Macht in der Mitte Europas (wie Anm. 10), S. 128 ff.

58 So Adenauer am 11. Mai 1957 vor dem Bundesvorstand der CDU, in: Adenauer: »Wir haben wirklich etwas geschaffen.« Die Protokolle des CDU-Bundesvorstandes 1953–1957, bearb. von G. Buchstab, Düsseldorf 1990, S. 1228.

59 Ebd., S. 255.

60 Strauß, Erinnerungen (wie Anm. 47), S. 310.

61 Ebd., S. 366.

62 Die Auswärtige Politik der Bundesrepublik (wie Anm. 25), S. 712 und 713.

63 Waldemar Besson, Die Außenpolitik der Bundesrepublik. Erfahrungen und Maßstäbe, München 1970, S. 426.

64 Helmut Schmidt, Menschen und Mächte, Berlin 1987 u. ö., S. 89.

65 Strauß, Erinnerungen (wie Anm. 47), S. 435.

66 Wolfram F. Hanrieder, Deutschland, Europa, Amerika. Die Außenpolitik der Bundesrepublik Deutschland 1949–1989, Paderborn u. a. 1991, S. 139.

67 Willy Brandt, Reden 1961–1965, Köln 1965, S. 24.

68 Heinrich Krone, Aufzeichnungen zur Deutschland- und Ostpolitik 1954–1969, in: Adenauer-Studien III, hrsg. von R. Morsey und K. Repgen, Mainz 1974, S. 134 ff., Zitat S. 178.

69 Peter Bender, Neue Ostpolitik. Vom Mauerbau zum Moskauer Vertrag, München 1986 u. ö., S. 147.

70 Auszugsweise wiederveröffentlicht in: Die Auswärtige Politik der Bundesrepublik (wie Anm. 25), S. 724 ff., Zitat S. 729.

71 So ein bis dahin geheimes SED-Strategiepapier, teilweise veröffentlicht in: *Frankfurter Allgemeine Zeitung*, 19. März 1992.

72 Wiederveröffentlicht in: Dokumente zu den innerdeutschen Beziehungen. Abmachungen und Erklärungen, hrsg. vom Presse- und Informationsamt der Bundesregierung, Bonn [12]1989, S. 21 ff., Zitat S. 21.

73 Willy Brandt, Begegnungen und Einsichten. Die Jahre 1960–1975, Hamburg 1976 u. ö., S. 486.

74 Schmid, Erinnerungen (wie Anm. 28), S. 550.
75 Besson, Die Außenpolitik der Bundesrepublik (wie Anm. 63), S. 456 bzw. 459.
76 Ebd., S. 44.
77 Wiederveröffentlicht in: Sicherheit und Zusammenarbeit in Europa (KSZE). Analysen und Dokumente 1973–1978, hrsg. von H.-A. Jacobsen u. a., Köln 1978, S. 808 ff., Zitat S. 809.
78 Schöllgen, Die Macht in der Mitte Europas (wie Anm. 10), S. 148 ff.
79 Auszugsweise wiederveröffentlicht bei Bender, Neue Ostpolitik (wie Anm. 69), S. 231 ff., Zitat S. 232.
80 Brigitte Seebacher-Brandt, Die Hoffnung im Herzen, das Machbare im Blick: Der deutsche Weg, in: *Frankfurter Allgemeine Magazin*, 13. März 1992, S. 48 ff., Zitat S. 52.
81 Wolf Lepenies, Ressentiment und Überheblichkeit. Die Intellektuellen im deutschen Einigungsprozeß, in: *Frankfurter Allgemeine Zeitung*, 7. März 1992.
82 Egon Bahr, Die Chance der Geschichte in der Teilung suchen (1985), in: ders., Sicherheit für und vor Deutschland (wie Anm. 51), S. 127 ff.
83 Ders., Rede über das eigene Land, ebd., S. 141.
84 Nach wie vor: Ralf Dahrendorf, Gesellschaft und Demokratie in Deutschland, München 1965 u. ö., hier bes. S. 446 f. und 480.
85 Hans J. Morgenthaus Vorlesungen über die Außenpolitik der USA an der Universität Chicago wurden 1951 in den USA und 1952 in England veröffentlicht, dort unter dem Titel »American Foreign Policy. A Critical Examination«. Zitat dort S. 242. Einen guten Einblick in das Gesamtwerk Morgenthaus gibt die Sammlung »Politics in the Twentieth Century«, 3 Bde., Chicago 1962.
86 Adenauer, Erinnerungen 1945–1953 (wie Anm. 31), S. 245.
87 Waldemar Besson, Die großen Mächte, Konstanz o. J. [1966], S. 17.

88 Ludwig Dehio, Gleichgewicht oder Hegemonie. Betrachtungen über ein Grundproblem der neueren Staatengeschichte, Krefeld o. J. [1948]; Hans Herzfeld, Die moderne Welt 1789–1945, Bd. 2, Braunschweig ²1957; Gerhard Ritter, Staatskunst und Kriegshandwerk. Das Problem des »Militarismus« in Deutschland, 4 Bde., München 1960–1968; Fritz Fischer, Griff nach der Weltmacht (wie Anm. 24).

89 Die ersten Angriffe Herzfelds und Ritters auf Fischer in der Historischen Zeitschrift (Bd. 191 [1960], S. 67 ff., und Bd. 194 [1962], S. 646 ff.) bezogen sich ja weder auf den Forschungsgegenstand noch auf die Methode. Erst jüngst hat Fischer deutlich gemacht, welche Bedeutung die Arbeiten Dehios als Anstoß für seine eigenen Forschungen hatten: Fritz Fischer, Hitler war kein Betriebsunfall. Aufsätze, München 1992, S. 11 ff. Vgl. zu der Kontroverse insgesamt Gregor Schöllgen, Griff nach der Weltmacht? 25 Jahre Fischer-Kontroverse, in: Historisches Jahrbuch 106 (1986), S. 386 ff.

90 Andreas Hillgruber, Die Diskussion über den »Primat der Außenpolitik« und die Geschichte der internationalen Beziehungen in der westdeutschen Geschichtswissenschaft seit 1945, in: ders., Die Zerstörung Europas. Beiträge zur Weltkriegsepoche 1914 bis 1945, Frankfurt a. M./ Berlin 1988, S. 32 ff.

91 Besson, Die großen Mächte (wie Anm. 87), S. 18.

92 Stanley H. Hoffmann, International Relations. The Long Road to Theory, in: World Politics 11 (1958/59), S. 346 ff., Zitat S. 376.

93 Ernst-Otto Czempiel, Die Entwicklung der Lehre von den internationalen Beziehungen, in: Politische Vierteljahrsschrift 6 (1965), S. 270 ff., Zitat S. 290. Der Aufsatz enthält einen vorzüglichen Überblick über die Entwicklung bis zum Beginn der 60er Jahre.

94 Jürgen Kocka, Sozialgeschichte. Begriff – Entwicklung – Probleme, Göttingen 1977 u. ö., S. 68 f.

95 Hans-Ulrich Wehler, Das Deutsche Kaiserreich 1871–1918, Göttingen 1973 u. ö., S. 12.
96 Jürgen Kocka, Klassengesellschaft im Krieg. Deutsche Sozialgeschichte 1914–1918, Göttingen 1973 u. ö., S. 138.
97 Wehler, Kaiserreich (wie Anm. 95), S. 12.
98 So z. B. Gordon A. Craig in seiner Kritik an der deutschen »Gesellschaftsgeschichte«: The Historian and the Study of International Relations, in: American Historical Review 88 (1983), S. 1 ff., Zitat S. 3.
99 Hans-Ulrich Wehler, Vom Unsinn geostrategischer Konstanten oder »Deutschland verkeilt in der Mittellage«, in: *Der Monat*, Nr. 284 (1982), S. 64 ff.
100 *Der Spiegel*, Nr. 38 (1992), S. 19.
101 Walter Laqueur, Europa auf dem Weg zur Weltmacht 1945–1992, München 1992, S. 558.
102 Schöllgen, Deutschlands neue Lage (wie Anm. 18), S. 125 ff.
103 Charles de Gaulle, Vers l'armée de métier (1934), Paris 1971, S. 23. De Gaulle zitiert und bestätigt hier zugleich Napoleon.
104 So etwa das wohl am breitesten rezipierte Buch der 80er Jahre zu diesem Thema: Paul Kennedy, The Rise and Fall of the Great Powers. Economic Change and Military Conflict from 1500 to 2000, London/Sydney 1988 u. ö., z. B. S. 86 ff. und 197.
105 So z. B. Etzel Pearcy, Geopolitics and Foreign Relations, in: Department of State Bulletin, Bd. 50, Nr. 1288, 2. März 1964, S. 318 ff.
106 Vgl. Heinz Brill, Politische Geographie in Deutschland, in: Zeitschrift für Politik 39 (1992), S. 86 ff.
107 Das dokumentieren die seit 1975 erscheinende Zeitschrift »Geschichte und Gesellschaft« und die inzwischen etwa 100 Bände umfassenden »Kritischen Studien zur Geschichtswissenschaft«.
108 Hans-Ulrich Wehler, Deutsche Gesellschaftsgeschichte, bislang 2 Bde., München 1987; Geschichte der Arbeiter

und der Arbeiterbewegung in Deutschland seit dem Ende des 18. Jahrhunderts, bislang 6 Bde. aus der Feder von Jürgen Kocka, Gerhard A. Ritter, Klaus Tenfelde und Heinrich August Winkler, Berlin/Bonn 1984 ff.

109 Lothar Gall, »Deutsche Gesellschaftsgeschichte«, in: Historische Zeitschrift 248 (1989), S. 365 ff., Zitat S. 375.

110 Lucian Hölscher, Wie begrenzt ist die Sozialgeschichte? Diskutiert am Beispiel des Industrialisierungsdiskurses, in: Was ist Gesellschaftsgeschichte? Positionen, Themen, Analysen, hrsg. von M. Hettling u. a., München 1991, S. 312 ff., Zitat S. 314.

111 Hans-Ulrich Wehler, Bismarck und der Imperialismus, Köln/Berlin 1969 u. ö., S. 30.

112 In Wehlers »Kaiserreich« beispielsweise sind der Außenpolitik ganze 10 von 239 Textseiten gewidmet. Vgl. Wehler, Kaiserreich (wie Anm. 95), S. 182–192. Es überrascht daher nicht, daß die der Außenpolitik bzw. den internationalen Beziehungen geltenden Beiträge auch in der Festschrift für Hans-Ulrich Wehler eine gänzlich untergeordnete Rolle spielen. Vgl.: Was ist Gesellschaftsgeschichte? (wie Anm. 110).

113 Einleitung zu: Geschichtliche Grundbegriffe. Historisches Lexikon zur politisch-sozialen Sprache in Deutschland, hrsg. von O. Brunner, W. Conze, R. Koselleck, Bd. 1, Stuttgart 1972, S. XIII. Aufgenommen wurde lediglich das Stichwort »Gleichgewicht/Balance«, das auf knapp 40 Seiten ausschließlich die Frühe Neuzeit abdeckt.

114 Wehler, Bismarck (wie Anm. 111), S. 115.

115 Ebd., S. 12.

116 Ders., Kaiserreich (wie Anm. 95), S. 197.

117 Ernst-Otto Czempiel, Der Primat der auswärtigen Politik. Kritische Würdigung einer Staatsmaxime, in: Politische Vierteljahrsschrift 4 (1963), S. 266 ff., hier S. 274 f.

118 Karl Dietrich Bracher, Kritische Betrachtungen über den Primat der Außenpolitik, in: G. A. Ritter/G. Ziebura (Hrsg.), Faktoren der politischen Entscheidung. Fest-

gabe für Ernst Fraenkel zum 65. Geburtstag, Berlin 1963, S. 115 ff., hier S. 136 f. Die »gute, jedoch etwas engere Definition« Brachers übernimmt Wehler, Bismarck (wie Anm. 111), S. 115/Anm. 5.

119 Wehler, Kaiserreich (wie Anm. 95), S. 184 f.

120 Hans-Ulrich Wehler, Kritik und kritische Antikritik, in: Historische Zeitschrift 225 (1977), S. 347 ff., Zitat S. 383.

121 Hermann Rudolph, Was ist Geschichte? Zum Streit über die Bedeutung von politischen und sozialen Faktoren, in: *Frankfurter Allgemeine Zeitung*, 9. Juni 1978.

122 Vorwort der Hrsg. zu: Was ist Gesellschaftsgeschichte? (wie Anm. 110), S. 9.

123 Ebd.

124 Kocka, Klassengesellschaft (wie Anm. 96), S. 2.

125 Andreas Hillgruber, Politische Geschichte in moderner Sicht (1973), wiederveröffentlicht in: ders., Die Zerstörung Europas (wie Anm. 90), S. 13 ff., Zitat S. 26.

126 Veröffentlicht bei K. D. Erdmann, Die falsche Alternative, in: Geschichte in Wissenschaft und Unterricht 23 (1972), S. 353 ff.

127 Christian Hacke, Weltmacht wider Willen. Die Außenpolitik der Bundesrepublik Deutschland, Stuttgart 1988, S. 9 und 473.

128 Rüdiger Bubner, Philosophen und die deutsche Einheit, in: Philosophische Rundschau 38 (1991), S. 1 ff., Zitat S. 1.

129 So bereits Andreas Hillgruber, Methodologie und Theorie der Geschichte der Internationalen Beziehungen, in: Geschichte in Wissenschaft und Unterricht 27 (1976), S. 193 ff.

130 Zu nennen sind hier Waldemar Besson, Arnulf Baring, Hans-Peter Schwarz und Christian Hacke.

131 Hans-Ulrich Wehler, Einleitung, in: ders. (Hrsg.), Geschichte und Ökonomie, Köln 1973, S. 11 ff., hier S. 20.

132 Ernst-Otto Czempiel, Gleichgewicht oder Symmetrie?, in: Jahrbuch für Politik 1 (1991), S. 127 ff., hier S. 137.

133 Wolfgang Asholt/Inge Kolboom, Frankreich und das vereinte Deutschland. Ein Rückblick nach vorn, in: Europa-Archiv 47 (1992), S. 179 ff., Zitat S. 181.
134 Jürgen Kocka, Überraschung und Erklärung. Was die Umbrüche von 1989/90 für die Gesellschaftsgeschichte bedeuten können, in: Was ist Gesellschaftsgeschichte? (wie Anm. 110), S. 11 ff., Zitat S. 15.
135 Adenauer, Erinnerungen 1945–1953 (wie Anm. 31), S. 13.
136 Max Weber, Zur Lage der bürgerlichen Demokratie in Rußland, zit. nach: Max Weber Gesamtausgabe, Bd. I/10, Tübingen 1989, S. 71 ff., Zitat S. 126/Anm. 18.
137 Rudolf Morsey, Die Bundesrepublik Deutschland. Entstehung und Entwicklung bis 1969, München ^{2}1990, S. 121.
138 Helga Haftendorn, Sicherheit und Stabilität. Außenbeziehungen der Bundesrepublik zwischen Ölkrise und NATO-Doppelbeschluß, München 1986 u. ö., S. 243.
139 Brandt, Begegnungen und Einsichten (wie Anm. 73), S. 190.
140 Eckardt, Ein unordentliches Leben (wie Anm. 38), S. 554 und 380.
141 Rede vom 11. Januar 1947 in München, in: Schumacher, Reden - Schriften - Korrespondenzen (wie Anm. 35), S. 475 ff., Zitat S. 476.
142 Russia and Germany, in: *The Times*, 23. Dezember 1991.
143 Dazu Dieter Senghaas, Friedensprojekt Europa, Frankfurt a. M. 1992.
144 Henry Kissinger, The Alliance Needs Renewal in a Changed World, in: *International Herald Tribune*, 2. März 1992.
145 Kommuniqué der Nuklearen Planungsgruppe der NATO. Tagung am 20. und 21. Oktober in Gleneagles, Schottland, in: Bulletin des Presse- und Informationsamtes der Bundesregierung, Nr. 117 (1992), S. 1078.
146 Schöllgen, Die Macht in der Mitte Europas (wie Anm. 10), S. 148 ff.

147 Karl-Heinz Bohrer, Provinzialismus, in: *Merkur* 44 (1990), S. 1096 ff., Zitat S. 1100.
148 Theo Sommer, Wenn Worte nicht mehr reichen, in: *Die Zeit*, 14. August 1992.
149 Dirk Koch, Nur nicht drängeln, in: *Der Spiegel*, Nr. 41 (1992), S. 26.
150 Michael Stürmer, Die Grenzen der Macht. Begegnungen der Deutschen mit der Geschichte, Berlin 1992, S. 248.
151 Johannes Gross, Monstrum von Maastricht. Eine Währung ist Gemeinschaft genug, in: *Frankfurter Allgemeine Zeitung*, 25. Juli 1992.
152 Vgl. Gregor Schöllgen, Leere Stühle. Nötig ist eine neue Staatsräson, in: *Frankfurter Allgemeine Zeitung*, 7. September 1992.
153 Rüdiger Bubner, Brauchen wir einen Begriff der Nation?, in: P. Braitling/W. Reese-Schäfer (Hrsg.), Universalismus, Nationalismus und die neue Einheit der Deutschen. Philosophen und die Politik, Frankfurt a. M. 1991, S. 10 ff., Zitat S. 20.
154 Ralf Dahrendorf, Wege in die Irrelevanz. Schwierigkeiten mit der Bürgergesellschaft, in: *Frankfurter Allgemeine Zeitung*, 28. Oktober 1992.
155 Senghaas, Friedensprojekt Europa (wie Anm. 143), S. 181.
156 Bethmann Hollweg an Pourtalès, 30. Juli 1912, Politisches Archiv des Auswärtigen Amtes, Nachlaß Pourtalès, zit. nach: Schöllgen, Imperialismus und Gleichgewicht (wie Anm. 15), S. 439.
157 Lepenies, Zum Sprechen bringen (wie Anm. 1).
158 Bahr, Rede über das eigene Land (wie Anm. 51), S. 147.
159 Von außen gesehen: Streiks in Deutschland, in: *Frankfurter Allgemeine Zeitung*, 6. Mai 1992.
160 Stürmer, Die Grenzen der Macht (wie Anm. 150), S. 250.
161 Dieter Senghaas, Weltinnenpolitik - Ansätze für ein Konzept, in: Europa-Archiv 47 (1992), S. 643 ff., Zitate S. 650–52.
162 Vgl. S. 139.

Abkürzungen und Glossar

Außenpolitik: Durch seine Außenpolitik nimmt ein Staat seine politischen, wirtschaftlichen, kulturellen, militärischen und übrigen Interessen gegenüber einem oder mehreren anderen Staaten wahr. Sie ist ein »eigener Raum politischen Handelns mit zum Teil spezifischen Partnern und zum Teil spezifischen Zielen und Mitteln« (W. Besson). Um Außenpolitik treiben, um auswärtige Beziehungen aufnehmen und aufrechterhalten zu können, muß der Staat Souveränität, also Handlungsfreiheit in dem Maße wie jeder andere souveräne Staat besitzen. Das klassische Mittel der Außenpolitik ist die Diplomatie, deren Richtlinien in einem Außenministerium konzipiert werden und die dort koordiniert sowie von dort gesteuert wird. Mit der Modernisierung der Kommunikationsmittel, dem Auf- bzw. Ausbau multi- und supranationaler Organisationen, wie zum Beispiel der UNO, der NATO, der EG oder der KSZE, und der Entwicklung neuer Formen der Konferenzdiplomatie insbesondere nach dem Zweiten Weltkrieg haben die Diplomatie, aber auch die Außenpolitik selbst in ihren Formen und Aufgaben zum Teil erhebliche Wandlungen durchgemacht. Die Bundesrepublik konnte seit dem November 1949 wieder konsularische Beziehungen unterhalten, im März 1951 wieder das Auswärtige Amt einrichten und seit dem Mai 1955 wieder fast vollständig souverän Außenpolitik betreiben. Die letzten alliierten Vorbehalte, insbesondere bezüglich Berlins und Deutschlands als Ganzem, entfielen jedoch endgültig erst nach der Vereinigung der beiden deutschen Staaten mit dem Inkrafttreten des »Zwei-plus-Vier-Vertrages« durch Hinterlegung der letzten, der sowjetischen Ratifikationsurkunde am 15. März 1991.

Deutsche Frage: Mit der Verkündung des Grundgesetzes für die Bundesrepublik Deutschland am 23. Mai 1949 wurde auf dem Gebiet der drei westlichen Besatzungszonen ein deutscher Teilstaat gebildet. Dieser verstand sich gemäß einem Urteil des Bundesverfassungsgerichts vom 31. Juli 1973 als Staat, der mit dem 1871 gegründeten Deutschen Reich in den Grenzen von 1937 identisch, »in bezug auf seine räumliche Ausdehnung allerdings ›teilidentisch‹ « und damit gleichsam eine Zwischenstufe auf dem Weg zu einer gesamtdeutschen Lösung war. Diese Lösung der deutschen Frage schloß zunächst sowohl die am 7. Oktober 1949 auf dem Gebiet der sowjetischen Besatzungszone gegründete Deutsche Demokratische Republik als auch jene Gebiete ein, die 1945 mit dem sogenannten Potsdamer Abkommen faktisch an die Sowjetunion bzw. an Polen gefallen waren, also Nordostpreußen mit Königsberg und die Gebiete östlich von Oder und Neiße. Der Anspruch auf letztere Gebiete wurde in den sogenannten Ostverträgen, welche die Bundesrepublik 1970 mit der Sowjetunion und Polen schloß, de facto aufgegeben. Am 3. Oktober 1990 trat die DDR der Bundesrepublik bei und hörte damit auf zu existieren. Der Verzicht auf alle darüber hinausgehenden territorialen Ansprüche wurde 1990 in Verträgen der vereinigten und nunmehr vollständig souveränen Bundesrepublik mit der Sowjetunion und Polen bestätigt.

Diplomatie: siehe Außenpolitik.

EG: Von einer »Europäischen Gemeinschaft« spricht man seit 1967. Damals fusionierten die Organe der 1951 errichteten »Europäischen Gemeinschaft für Kohle und Stahl« (EGKS), also der sogenannten Montanunion, sowie der 1957 gegründeten »Europäischen Wirtschaftsgemeinschaft« (EWG) und der »Europäischen Gemeinschaft für Atomenergie« (EAG bzw. EURATOM). Seit 1986 gehören der EG, zu deren sechs Gründungsmitgliedern die Bundesrepublik zählte, zwölf Staaten Nord-, West- und Südeuropas an. Das wichtigste Anliegen der EG besteht in dem Versuch, möglichst viele politische, wirtschaftliche und sonstige Kompetenzen von den nationalen Regierungen auf die Gemeinschaft und ihre Organe zu übertragen. Zu diesen zählen unter anderem der »Gerichtshof der Europäischen Gemeinschaft«, der »Europäische Rechnungshof« und das »Europäische Parlament«. Die Außenpolitik der Mitgliedsstaaten soll seit 1970 durch die »Europäische Politische Zusammenarbeit« (EPZ) koordiniert werden. Dazu verpflichtet seit 1987 die »Einheitliche Europäische Akte«. Das erklärte Endziel der EG-Politik ist die Schaffung einer vollständig integrierten Politischen, Wirtschafts-, Währungs- und wohl auch Verteidigungsunion. Die Grundlagen wurden mit dem »Vertrag über die Schaffung der Europäischen Union« gelegt, der am 7. Februar 1992 von den Außen- und Finanzministern der EG in Maastricht unterzeichnet worden ist und im übrigen die Sprachregelung »EG« offiziell festlegt. Der Zeitpunkt und das Ausmaß seiner Umsetzung stehen nach seiner Ablehnung durch die dänischen Wähler, seiner denkbar knappen Annahme durch die Franzosen sowie der auch in der öffentlichen Debatte der übrigen EG-Mitgliedsländer zutage getretenen Skepsis an den Maastrichter Beschlüssen in Frage.

EVG (Europäische Verteidigungsgemeinschaft): siehe WEU.

EWG (Europäische Wirtschaftsgemeinschaft): siehe EG.

EPZ (Europäische Politische Zusammenarbeit): siehe EG.

INF: Die »Intermediate-Range Nuclear Forces« (Nukleare Mittelstreckensysteme) standen für einige Jahre im Zentrum der nationalen und internationalen Auseinandersetzungen über Fragen der europäischen Sicherheit. Der sogenannte NATO-Doppelbeschluß vom 12. Dezember 1979 versuchte den erheblichen Vorsprung des Warschauer Paktes auf dem Gebiet der atomaren Mittelstreckenraketen aufzufangen, indem die westliche Allianz ihrerseits eine Modernisierung des landgestützten INF-Potentials beschloß, um die Sowjetunion zu Verhandlungen über eine beiderseitige Begrenzung dieser Systeme zu bewegen. Am 8. Dezember 1987 unterzeichneten die USA und die UdSSR einen Vertrag über den vollständigen Abbau der landgestützten Mittelstreckenraketen längerer und kürzerer Reichweite in Europa. Die Bundesrepublik hatte sich im Vorfeld der Unterzeichnung bereit erklärt, auch ihre Systeme dieser »doppelten Null-Lösung« zuzuführen. Der INF-Vertrag, in dem die Sowjetunion erstmals der asymmetrischen Reduzierung eines Waffensystems zustimmte, bildete einen wichtigen Meilenstein auf dem Weg zur Liquidierung des Kalten Krieges.

Kalter Krieg: Der Kalte Krieg war die Folge des Auseinanderbrechens der sogenannten Anti-Hitler-Koalition des Zweiten Weltkrieges. Die von der Sowjetunion schon im Verlauf dieses Krieges vorbereiteten Maßnahmen zur Sicherung ihrer Macht- und Einflußsphäre in Ost-, Ostmittel- und Südosteuropa wurden von ihren vormaligen Verbündeten, insbesondere den USA, als Versuch interpretiert, die alte deutsche durch eine neue sowjetische Hegemonialstellung in Europa zu ersetzen. Indikatoren waren das sowjetische Vorgehen der Jahre 1944–48 insbesondere in den baltischen Staaten, in Polen, der Tschechoslowakei und nicht zuletzt in Deutschland. Die Teilung Deutschlands war sowohl Ursache als auch Folge des Kalten Krieges, ihre Überwindung markierte daher zugleich sein Ende.

KSZE: Die »Konferenz über Sicherheit und Zusammenarbeit in Europa« tagte nach einer langen Vorgeschichte vom 3. Juli 1973 bis zum 1. August 1975 in mehreren Phasen und auf unterschiedlichen Ebenen in Helsinki und in Genf. Teilnehmer waren alle 33 europäischen Staaten (außer Albanien) sowie die außereuropäischen NATO-Partner USA und Kanada. In der Rückschau bildet die am 1. August 1975 in Helsinki unterzeichnete Schlußakte mit ihren Bestimmungen über die Unverletzlichkeit der Grenzen, die Menschenrechte etc. ein wichtiges Durchgangsstadium auf dem Weg zum Umbruch der ausgehenden achtziger Jahre. Seit dem dritten Folgetreffen, das im Januar 1989 in Wien beendet wurde, werden auch die »Verhandlungen über Vertrauens- und Sicherheitsbildende Maßnahmen in Europa« (VVSBM) sowie die »Verhandlungen über Konventionelle Streitkräfte in Europa« (VKSE) unter dem Dach der KSZE geführt. Die ersten Ergebnisse der VKSE-Verhandlungen konnten auf dem Pariser KSZE-Gipfel im November 1990 unterzeichnet werden, der zudem die deutsche Vereinigung ausdrücklich begrüßte. Der erste VVSBM-Vertrag, das sogenannte Wiener Dokument 92, wurde am 4. März 1992 auf dem vierten Folgetreffen in Helsinki verabschiedet. Heute gehören auch die baltischen Staaten, Albanien, Slowenien, Kroatien sowie alle Nachfolgestaaten der ehemaligen Sowjetunion der KSZE an, deren Mitgliederzahl sich damit auf 52 erhöht hat.

NATO: Die »North Atlantic Treaty Organization« (Nordatlantikpakt-Organisation) war in ihren Ursprüngen ein Resultat des Auseinanderbrechens der sogenannten Anti-Hitler-Koalition des Zweiten Weltkrieges und der Entwicklung des Kalten Krieges. Sie wurde am 4. April 1949 in Washington durch zwölf Staaten gegründet. Die Bundesrepublik ist seit dem 9. Mai 1955 Mitglied der NATO, der heute 16 Staaten angehören. Island, Frankreich und Spanien sind lediglich Mitglieder der politischen, nicht aber der militärischen Organisation des Bündnisses. Wichtigste Aufgabe der westlichen Allianz ist der Schutz ihrer Mitglieder gegen einen bewaffneten Angriff. Die Bundesrepublik ist seit Gründung der Nuklearen Planungsgruppe (NPG) der NATO im Jahre 1966 deren ständiges

Mitglied. Nach dem Umbruch in Osteuropa und der Auflösung des Warschauer Paktes steht die NATO vor neuen Aufgaben, die unter anderem auch im Rahmen des Ende 1991 eingerichteten Nordatlantischen Kooperationsrates in einer gewissen Zusammenarbeit mit den Staaten des ehemaligen Warschauer Paktes bewältigt werden sollen.

Rapallo: Im italienischen Seebad Rapallo schlossen am 16. April 1922 das Deutsche Reich und Sowjetrußland einen Vertrag, in dem es neben der (Wieder-)Aufnahme diplomatischer Beziehungen vor allem um die Regelung vitaler Fragen wie Vorkriegsschulden, Reparationen etc. ging. Die übrigen Mächte wurden durch den Vertragsabschluß der beiden Verlierer des Ersten Weltkrieges überrascht. Sie vermuteten sogleich, daß es zwischen den beiden auch noch zu geheimen Vereinbarungen über ein Militärbündnis oder über ein gemeinsames Vorgehen gegen den polnischen Staat gekommen sei, der ja aus ehemals deutschen und russischen Gebieten gegründet worden war. Das traf zwar nicht zu, aber die geheimen Vereinbarungen des »Hitler-Stalin-Paktes« vom 23. August 1939, die auch die Aufteilung Polens einschlossen, schienen dann die Berechtigung des »Rapallo-Komplexes« zu bestätigen. Wann immer sich seitdem Deutsche und Sowjets bzw. Russen tatsächlich oder auch nur vermeintlich angenähert haben, zeigte sich, daß das Gespenst von Rapallo im Westen noch durchaus lebendig ist, und das bis heute.

UNO: Die »United Nations Organization« (Organisation der Vereinten Nationen) ging aus dem Bestreben der gegen den »gemeinsamen Feind«, also vor allem gegen Deutschland, verbündeten Staaten des Zweiten Weltkrieges hervor, eine dauerhafte, auf den Prinzipien des Selbstbestimmungsrechts der Völker, des freien Handels etc. basierende Weltordnung zu schaffen. Die UN-Charta trat am 24. Oktober 1945 in Kraft. Seitdem wurden zahlreiche Sonderorganisationen, wie zum Beispiel die Organisation für Erziehung, Wissenschaft und Kultur (UNESCO), eingerichtet. Sitz der UN ist New York. Die Bundesrepublik Deutschland wurde am 18. September 1973 gleichzeitig mit der damaligen DDR aufgenommen. Oberstes Ziel der UN ist die Friedenssicherung. Die Hauptverantwortung für die »Wahrung des Weltfriedens und der internationalen Sicherheit« liegt beim UN-Sicherheitsrat, dem als ständige Mitglieder die USA, Rußland (in Fortsetzung der Mitgliedschaft der Sowjetunion), Großbritannien, Frankreich und China sowie zehn nichtständige, von der Generalversammlung gewählte Mitglieder angehören. Der Sicherheitsrat kann im Fall von Friedensbedrohung oder Friedensbruch - für alle Mitglieder verbindlich - militärische Gemeinschaftsaktionen anordnen oder dazu ermächtigen. Das geschah zuletzt nach dem irakischen Überfall auf Kuweit.

VKSE (Verhandlungen über Konventionelle Streitkräfte in Europa): siehe KSZE.

VVSBM (Verhandlungen über Vertrauens- und Sicherheitsbildende Maßnahmen in Europa): siehe KSZE.

WEU: Die »Westeuropäische Union« entstand 1954 durch die Erweiterung des Brüsseler Paktes, der 1948 als sogenannte Westunion durch Großbritannien, Frankreich und die drei Benelux-Staaten unter anderem zum Schutz gegen eine »Wiederaufnahme der deutschen Angriffspolitik« gegründet worden war. Mit dem Beitritt der Bundesrepublik und Italiens zu diesem Bündnis und seiner Erweiterung zur WEU entfiel 1954 zum einen endgültig die zitierte Stoßrichtung. Zum anderen war und ist die WEU in gewisser Weise ein Ersatz für die 1950 von Frankreich initiierte, vier Jahre später dann aber an Paris gescheiterte »Europäische Verteidigungsgemeinschaft« (EVG), die eine relativ starke Einbindung und damit Kontrolle der deutschen Streitkräfte durch die unmittelbaren

Nachbarn vorsah. Schließlich verzichtete die Bundesrepublik im Protokoll Nr. III auf die Produktion von atomaren, biologischen und chemischen (sogenannten ABC-)Waffen auf ihrem Gebiet. Anders als die NATO sieht die WEU eine automatische Beistandsverpflichtung vor. Seit dem Beitritt Spaniens und Portugals im Jahre 1988 besteht die WEU aus neun Mitgliedsstaaten. Sie bildet ein Forum für die Koordination der europäischen Mitglieder der NATO mit Frankreich, das 1966 die militärische Organisation der Atlantischen Allianz verlassen hat. Mit den Umbrüchen in Europa seit den ausgehenden achtziger Jahren - der Auflösung des Warschauer Paktes, dem Zerfall der Sowjetunion, der Vereinigung Deutschlands und anderen Entwicklungen mehr - gewinnt die WEU an Gewicht.

Literatur

Adenauer, Konrad: Erinnerungen, 4 Bde., Stuttgart 1965–1968 u. ö.

Bahr, Egon: Sicherheit für und vor Deutschland. Vom Wandel durch Annäherung zur Europäischen Sicherheitsgemeinschaft, München/Wien 1991.

Baring, Arnulf: Deutschland was nun? Ein Gespräch mit Dirk Rumberg und Wolf Jobst Siedler, Berlin 1991 u. ö.

Bender, Peter: Neue Ostpolitik. Vom Mauerbau zum Moskauer Vertrag, München 1986 u. ö.

Besson, Waldemar: Die großen Mächte, Konstanz o. J. [1966].

Ders.: Die Außenpolitik der Bundesrepublik. Erfahrungen und Maßstäbe, München 1970.

Bohrer, Karl Heinz: Provinzialismus, in: Merkur 44 (1990), S. 1096 ff.; ebd. 45 (1991), S. 255 ff., 348 ff., 537 ff., 719 ff., 1059 ff.

Bracher, Karl Dietrich: Kritische Betrachtungen über den Primat der Außenpolitik, in: G. A. Ritter/G. Ziebura (Hrsg.), Faktoren der politischen Entscheidung. Festgabe für Ernst Fraenkel zum 65. Geburtstag, Berlin 1963, S. 115 ff.

Brandt, Willy: Begegnungen und Einsichten. Die Jahre 1960–1975, Hamburg 1976 u. ö.

Brill, Heinz: Politische Geographie in Deutschland, in: Zeitschrift für Politik 39 (1992), S. 86 ff.

Bubner, Rüdiger: Brauchen wir einen Begriff der Nation?, in: P. Braitling/W. Reese-Schäfer (Hrsg.), Universalismus, Nationalismus und die neue Einheit der Deutschen. Philosophen und die Politik, Frankfurt a. M. 1991, S. 10 ff.

Craig, Gordon A.: The Historian and the Study of International Relations, in: American Historical Review 88 (1983), S. 1 ff.

Czempiel, Ernst-Otto: Die Entwicklung der Lehre von den internationalen Beziehungen, in: Politische Vierteljahrsschrift 6 (1965), S. 270 ff.

Ders.: Gleichgewicht oder Symmetrie?, in: Jahrbuch für Politik 1 (1991), S. 127 ff.

Dahrendorf, Ralf: Gesellschaft und Demokratie in Deutschland, München 1965 u. ö.

Fischer, Fritz: Griff nach der Weltmacht. Die Kriegszielpolitik des kaiserlichen Deutschland 1914/18, Düsseldorf 1961 u. ö.

Friedrich, Carl J.: Das Ende der Kabinettspolitik, in: Außenpolitik 1 (1950), S. 20 ff.

Hacke, Christian: Weltmacht wider Willen. Die Außenpolitik der Bundesrepublik Deutschland, Stuttgart 1988.

Haftendorn, Helga u. a.: Verwaltete Außenpolitik. Sicherheits- und entspannungspolitische Entscheidungsprozesse in Bonn, Köln 1978.

Hanrieder, Wolfram F.: Deutschland, Europa, Amerika. Die Außenpolitik der Bundesrepublik Deutschland 1949–1989, Paderborn u. a. 1991.

Hettling, Manfred u. a. (Hrsg.): Was ist Gesellschaftsgeschichte? Positionen, Themen, Analysen, München 1991.

Hillgruber, Andreas: Methodologie und Theorie der Geschichte der Internationalen Beziehungen, in: Geschichte in Wissenschaft und Unterricht 27 (1976), S. 193 ff.

Ders.: Politische Geschichte in moderner Sicht, in: ders., Die Zerstörung Europas. Beiträge zur Weltkriegsepoche 1914 bis 1945, Frankfurt a. M./Berlin 1988, S. 13 ff.

Kissinger, Henry: The Alliance Needs Renewal in a Changed World, in: *International Herald Tribune*, 2. März 1992.

Lepenies, Wolf: Zum Sprechen bringen. Für einen Patriotismus der Intellektuellen, in: *Frankfurter Allgemeine Zeitung*, 23. Oktober 1992.

Morgenthau, Hans J.: Politics in the Twentieth Century, 3 Bde., Chicago 1962.

Rudolph, Hermann: Was ist Geschichte? Zum Streit über die Bedeutung von politischen und sozialen Faktoren, in: *Frankfurter Allgemeine Zeitung*, 9. Juni 1978.

Schmid, Carlo: Erinnerungen. Gesammelte Werke, Bd. 3, Bern-München-Wien 1980.

Schöllgen, Gregor: Die Macht in der Mitte Europas. Stationen deutscher Außenpolitik von Friedrich dem Großen bis zur Gegenwart, München 1992.

Ders.: Deutschlands neue Lage. Die USA, die Bundesrepublik Deutschland und die Zukunft des westlichen Bündnisses, in: Europa-Archiv 47 (1992), S. 125 ff.

Ders.: Leere Stühle. Nötig ist eine neue Staatsräson, in: *Frankfurter Allgemeine Zeitung*, 7. September 1992.

Schumacher, Kurt: Reden - Schriften - Korrespondenzen 1945–1952. Hrsg. von W. Albrecht, Berlin/Bonn 1985.

Schwarz, Hans-Peter: Die gezähmten Deutschen. Von der Machtbesessenheit zur Machtvergessenheit, Stuttgart 1985.

Senghaas, Dieter: Friedensprojekt Europa, Frankfurt a. M. 1992.

Ders.: Weltinnenpolitik - Ansätze für ein Konzept, in: Europa-Archiv 47 (1992), S. 643 ff.

Smyser, William Richard: Drei große Aufgaben sind zu bewältigen. Deutschlands zukünftige Rolle in der Welt, in: *Frankfurter Allgemeine Zeitung*, 16. September 1992.

Strauß, Franz Josef: Die Erinnerungen, Berlin 1989 u. ö.

Stürmer, Michael: Die Grenzen der Macht. Begegnungen der Deutschen mit der Geschichte, Berlin 1992.

Weber, Max: Deutschland unter den europäischen Weltmächten, in: ders., Gesammelte Politische Schriften, hrsg. von J. Winckelmann, Tübingen ³1971, S. 157 ff.

Wehler, Hans-Ulrich: Bismarck und der Imperialismus, Köln/Berlin 1969 u. ö.

Ders.: Kritik und kritische Antikritik, in: Historische Zeitschrift 225 (1977), S. 347 ff.

Weizsäcker, Richard von, Maastricht als historische Chance begreifen, in: *Frankfurter Allgemeine Zeitung*, 13. April 1992.

PERSONENREGISTER

Bitte beachten Sie auch
die folgenden Seiten

Thomas Alan Schwartz

Die Atlantik-Brücke

John McCloy und das Nachkriegsdeutschland

560 Seiten, gebunden

John McCloy, als US-Hochkommissar für Deutschland von 1949 bis 1952 Wegbereiter der deutsch-amerikanischen Partnerschaft, steht im Mittelpunkt dieser brillanten Studie des amerikanischen Historikers Thomas Alan Schwartz über die Anfänge der Bundesrepublik. ». . . ein faszinierendes Buch zur rechten Zeit . . . Alle, die McCloy nach jahrelangem Umgang zu kennen glaubten und somit der Meinung waren, alles Wesentliche zu wissen, stellen nach der Lektüre dieses Buches fest, wie lückenhaft ihre Kenntnisse waren. Sie wissen erst jetzt, daß ohne McCloys Wirken die Geschichte Amerikas, Europas und besonders Deutschlands einen anderen Verlauf genommen hätte.«

Rheinischer Merkur

Ullstein